大樂文化

大樂文化

暢銷限定版

大樂文化

金牌律師教你

誘導人心的66個回話藝術

解決你在工作與生活中，
遇到拒絕請託、陌生邀請、問出實話等難題！

谷原誠◎著　李貞慧◎譯　雑談の戦略

Contents

第4章

第7章 實戰鍛鍊誘導技巧，實踐回話藝術！ 221

後記

前言 我是律師，很多人以為我很會說話，其實……

這不是一本給聊天高手看的書，目標讀者是不擅長聊天的人。因為我從小就不擅長聊天，所以想藉由親身經歷，分享改善的方法。

聊天高手會不自覺提供豐富話題，帶出對方的話，引人注意、勾起興趣。他們大概一輩子都不覺得聊天是件苦差事，不可能理解我們這種人的心情。以前我曾問過聊天高手：

「如何才能成為聊天高手？」

「把想到的事情說出來就好啦！」

「就是做不到才頭痛啊！」（我內心的哀嚎）

從以前到現在，我為了聊天吃盡苦頭，如果可以，寧願離群索居。為什麼我能寫出關於聊天的書？

雖然我不擅長聊天，不過用自己的方式努力駕馭它，並且在工作上取得不錯的成果。有時甚至有人說我「很會說話」，讓我感到非常驚訝。

現在，我在東京一家法律事務所擔任合夥人代表（這家事務所共有二十四名律師），有一定的收入。包含共同著作在內，我出版了三十本以上的書，而且上過朝日電視台「報導Station」等幾十個電視節目。此外，還經營自己的公司。

在工作上，聊天是不可或缺的一環。我即便天生不擅長聊天，但一直以來，悉心鑽研閒聊，並設法運用，為自己的工作加分。我若不會聊天，就沒有現在的成就，可能只是一家小型律師事務所的負責人，說不定連律師這個職業都令我痛苦萬分。

律師工作的大部分時間都在與人談話。委託人上門時，不可能只談法律而不談其他事。透過聊天緩和委託人的緊張情緒，問出必要資訊，獲得他們的信賴後，才能接到這個案子。如果連聊天都不會，無法順利進行協商。有時在工作中摻雜閒聊，試圖從對方身上找出線索。

在律師事務所裡，若不能藉由聊天建立良好人際關係，工作就無法順利推動。這種情況在任何公司裡都是一樣。

即使把工作放在一邊，日常生活中，和不會聊天的人相處也很辛苦。成功人生的必要條件是聊天，但不表示人人都必須喜歡或擅長聊天。

重點是在必要時能夠與人談話。不擅長聊天的人仍然可以不擅長，只要適當運用談話策略即可。本書正是為了不擅長聊天的人所寫的指南。

說不定你也和我一樣，雖然不擅長聊天，但在運用談話策略之後，被說是很會說話的人。如果被這麼說，便會產生自信，進而擬出高明的談話策略。

因為不擅長聊天而逃避人群，絕對無法獲得成功。請各位讀者運用談話策略，讓工作和生活更有意義。我想本書一定會對你有所幫助。

“

工作時的閒聊看似不著邊際，卻是為了達成目的的必要手段。

第 1 章

為何私下能聊不停，
但拜訪客戶時卻卡關？

大多數人聊天是卡唬爛，但我聊天藏了一點小心機

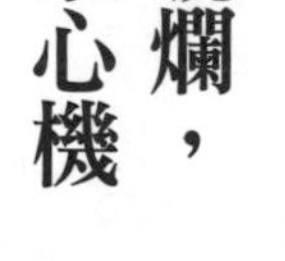

到目前為止，我寫過三十本以上的書。幾天前，我和一位很久沒見面的編輯碰面，他曾編過我的書。我們很自然地談到要出下一本書，甚至啟動具體企劃，其實這就是本書的由來。**這時候，發揮功用的便是聊天**。

我與編輯之間的閒聊，從最近的新聞和個人瑣事開始，然後延伸到雙方在專業領域的近況。我談到律師業務以外的其他工作，編輯則談到自己參與製作的書籍等。

在聊天的過程中，針對我談到的某個話題，編輯突然說：「啊，這個主題似乎可以出一本書耶！」一開始，他的口吻像是在開玩笑，但進一步針對書的標題和內容聊了一下，就逐漸變成以出版為前提的談話。

編輯的工作是製作書籍，他們總是在尋找有趣的題材和暢銷書的點子。與我見面雖然沒有明確目的，但隱含尋找題材的意圖。

即使寫作不是我的本業，但我也很重視。只要有想向社會大眾傳遞的主題，我便會積極地以書籍的形式發表。

話雖如此，編輯並不是和人見面就決定出書。現今出版市場蕭條，出一本賣不好的書等於給自己「扣分」，所以編輯都非常小心謹慎。我的本業是律師，也不想浪費時間寫一本沒有意義的書。

當時的會面，就是在雙方若有似無的期待下開始。

商務閒聊發揮作用的條件

我們見面後先閒聊了一下，找出雙方都感興趣的話題，拉近彼此的距離，之後談話便越來越聚焦。

這種方法不以導出結論為目的，而是從重視「量勝於質」的自由發言中，引導出嶄新的創意。這種手法類似腦力激盪（Brainstorming），但有決定性的差異。

腦力激盪雖然是自由發言，卻有一個明確的目的，那就是激發創意。然而，剛才我舉的例子並非以出書為目的。事實上，我只和這位編輯見過幾次面，如果今後沒有機會共事，很可能永遠不會再見面。**聊天正好可以在這種不緊密的關係裡發揮作用**。

聊天和在社群網站上發表動態，例如：「我現在正在○○」、「我剛才吃了○○」等不同。這些發文大多不是針對特定人的訊息，對發文感興趣的人可以自由留言或按「讚」回應，是一種更不緊密的關係。

聊天則有特定對象，完全是在意識到談話對象的狀態下找出話題。商務閒聊的定位，介於會議、商談和一般發文之間，蘊含豐富的商機。這也是各行各業的人都必須具備閒聊能力的原因。

POINT

意識到談話對象的發言，可以激盪出商機。

大多數人不善於閒聊，若把聊天加點目的有何好處？

說到聊天，有些人認為那是一些廢話，其中有人質疑：「真的有聊天的必要嗎」，有人覺得聊天像是在職場上「咬耳朵」。

假使大家都不閒聊，會變得如何？職場上，大概只剩下工作交辦，以及「好，我知道了」的回覆，這樣不可能建立良好的人際關係。

不聊天就不知道對方是怎樣的人。倘若你完全不了解對方在想什麼、有什麼感受，就無法信任他，無法傳達自己的感受讓他知道，也很難營造出輕鬆的氛圍。

不擅長聊天的人似乎以男性居多，其中很多人認為，自己的一舉一動都必須具有意義。

「聊天只是浪費時間，沒有意義。」

「老談些沒有結論的事，只要對方回一句：『然後勒』，不就都白談了？」

這些人或許是因為找不出聊天的意義，才不會閒聊。

將達成目的視為任務

他們除了不會聊天，也認為逛街是一種沒有意義的行為，所以越來越不會去逛街（也可能他們一開始便不做這種事）。不過，若硬要賦予逛街一個目的，會變成什麼樣子？

比方說，如果讓逛街具備以下目的，就會立刻變成有意義的行為：

- 掌握社會流行的脈動。
- 藉由觀看店員和顧客交談，理解賣方與買方的心理變化。
- 陪女友逛街，贏得她的好感。

同理，如果賦予聊天以下目的，便會變成有意義的行為：

- 天南地北地聊，加深相互了解，進而獲得對方的好感，並建立信賴關係。
- 很難一下子就進入主題，先透過聊天營造氣氛。
- 稍微說些離題的話，試探對方真正的想法。

當然，我們必須小心避免對工作有害的咬耳朵，以及會破壞人際關係的閒聊，但有助於工作和強化人際關係的談話，反而應該積極參與。

POINT

賦予所有閒聊目的，讓談話富有意義。

【好處1 獲得好感】
滿足對方心理上的「社會和尊重」需求

恕我冒昧請問，你擅長聊天嗎？會立刻回答「擅長」的人，應該不多。最近市面上出現幾本關於聊天的書，都頗受歡迎，正是因為大多數人都自認不擅長聊天。

前言中提過，我原本不擅長聊天。我不太喜歡與別人分享自己的事，而且基於職業的緣故，我不管說什麼，都習慣組織可導出結論的邏輯，再順著邏輯有條有理地說話。

在字典裡查「聊天」這個字，字義是「各式各樣的談話、不著邊際的對話」，由此可見，聊天不是針對某個主題交談，然後有邏輯地導出結論。然而，商務工作一定有其目的。因此，從定義來看，沒有目的的閒聊與有目的的商務工作恰好相反，聊天似乎在工作上完全派不上用場。

不過，你或許發現，工作能力很好的人通常很會聊天。**業務員是最好的例子，為了與客戶保持良好關係，讓商談順利進行，他們在進入主題前，都免不了閒聊一番。**

公司內部的關係也是如此。在與主管、部屬、同事談公事時，是不是時常伴隨一些閒聊？聊天能讓資訊傳達更順暢，具有潤滑油的功能。連自認不擅長聊天的我，回顧一路走來的經驗，也發現自己在工作時經常閒聊。

舉例來說，到律師事務所求助的委託人當中，有些人可能極度緊張，若不閒聊一下讓他們放鬆，根本無法進入主題。此外，要與其他律師或職員建立良好關係，聊天也很重要。換句話說，工作時的閒聊看似不著邊際，其實是為了達成目的的手段。

我最近在想，能否**藉由分析商務閒聊的內容，找出一套談話策略**。正因為我原本不擅長聊天，才會思考能否傳遞對商務人士有幫助的資訊。

用聊天滿足心理需求

各位有沒有聽過馬斯洛的「需求層次理論」（請見圖表1）？這個理論是由美國心理學家亞伯拉罕・馬斯洛（Abraham Harold Maslow）提倡，主張人類的需求是由一個五層金字塔組成，先有低層次需求，在低層次需求得到滿足後，才會產生更高一層需求。

人們對於滿足自己需求的對象會產生好感。換句話說，只要透過聊天滿足對方的需求，便能獲得對方的好感。

首先是「生理需求」和「安全需求」，也就是與父母、配偶等家人之間的關係。家人會滿足維持生存的需求，提供一個家確保安心和安全的生活。不過，靠聊天建立這種關係很難，所以這裡先不談。

其次是「社交需求」，簡單來說，就是想擁有伙伴。聊天鎖定的目標從這裡開始。藉由聊天找出自己與對方的共通點，設法成為伙伴，讓對方和自己歸屬於同一個群體。如此一來，能使對方產生好感。

接著是「尊重需求」。每個人都希望受到他人認可，得到好評價，因此尊重、

圖表1　馬斯洛的需求層次理論

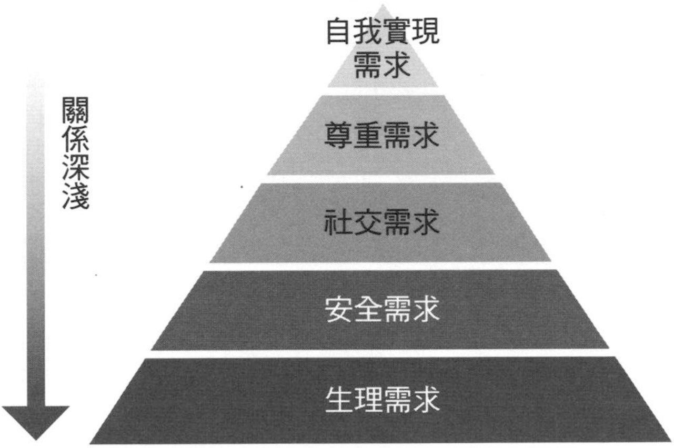

第1層：生理需求
維持自身生存最基本、最本能需求，例如：食欲、性欲、睡眠欲望等。

第2層：安全需求
保障自身安全、避免危險、確保安心和安全生活的需求，例如：穩定的經濟能力、健康的生活、食衣住行等。

第3層：社交需求
追求愛情和歸屬關係的需求。透過人際關係，被他人接受，擁有伙伴，歸屬於某個群體，例如：公司、家庭、國家等。

第4層：尊重需求（認可需求）
存在價值被群體認可、受到尊重的需求。除了他人認同的地位、名聲、特權及關注之外，也包含自我評價。

第5層：自我實現需求
將個人能力和可能性發揮到極限，實現理想和抱負的需求。

讚美並贊同對方的意見，滿足他的尊重需求，就能獲得對方的好感。

最後則是「自我實現需求」。為了使對方充分實現自我，你與對方必須具備某種程度的關係，例如：主管、前輩、教練等。

由此可見，我們必須藉由聊天，擬定適當的策略，才能滿足對方的社交需求和尊重需求。

POINT

進行商務閒聊時，採取適當的策略，滿足對方的社交需求和尊重需求。

【好處2 知己知彼】「金字塔6層次」幫你組織談話內容

聊天要得心應手，必須按部就班，一步步地往上爬。在此用「閒聊金字塔」來說明（請見第二十七頁圖表2）。

首先，最底層是「聊天目的」。**弄清楚自己現在為什麼要聊天，是一切的出發點，也是聊天的基礎**。

聊天目的有很多，例如：「在談工作前營造氣氛」、「為順利進入主題做準備」、「與對方建立良好關係」、「說自己的事讓心情愉快」、「想多了解對方」、「打發時間」等，每個人都有不同的目的。

而且，聊天目的會影響閒聊的話題和認真程度，甚至造成遣詞用字或反應的不同。所以，必須先弄清楚自己的聊天目的。

聊天時要活用兵法

有明確的聊天目的之後，接下來最重要的是了解自己。自己是什麼性格的人？聊天時擅長主導談話還是傾聽？若不擅長聊天，則屬於哪一種類型？了解這些細節，聊天時能明確知道自己的定位。

明明不擅長卻拚命說話，對話只會顯得很不自然。如果你擅長傾聽，只要像平常一樣聆聽對方說話，適時做出反應，配合對方的話題去聊，心理負擔會比較小，對話也比較流暢。

再來是了解對方。《孫子兵法》中有句話：「知己知彼，百戰不殆」，聊天雖然沒有敵我之分，但道理相同。了解對方的性格，掌握他的喜好和興趣，就能提供相關話題，如果一切順利，對方會很樂意與你聊天。所以，必須蒐集對方的資訊。

了解對方之後，要思考如何讓對方喜歡自己。**聊天是為了與對方建立良好關係，因此贏得對方的好感很重要**。我們必須知道怎麼讓對方喜歡自己，並在聊天時善加運用。

然後是話題。配合聊天目的、對方的性格和喜好，提供可獲得好感的話題。考

圖表2 閒聊金字塔

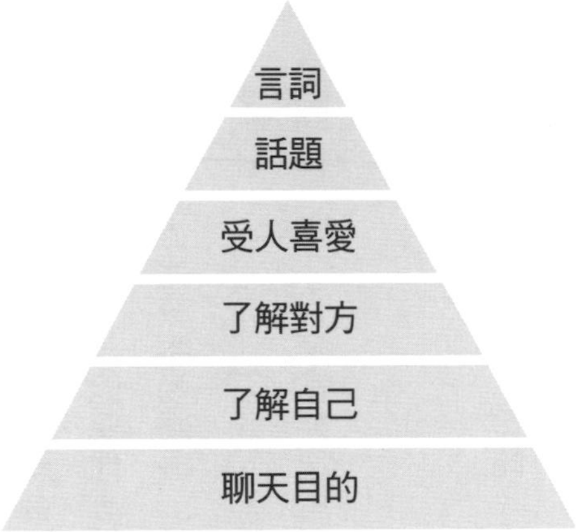

第 1 層：聊天目的
弄清楚「為什麼要聊天」。商務閒聊必須有目的。

第 2 層：了解自己
了解自己到底是哪一種人，擅長什麼、不擅長什麼。

第 3 層：了解對方
了解對方的性格和喜好，比較容易提供對方喜歡的話題。這是與第4層銜接的步驟。

第 4 層：受人喜愛
被對方喜歡很重要，因為沒有人想與自己討厭的人聊天。

第 5 層：話題
不論對方再怎麼喜歡自己，如果對話無法持續就沒有意義，所以必須根據前4層提供話題。

第 6 層：言詞
不要因遣詞用字而被扣分。在關鍵時刻出錯，一切都是枉然，金字塔也會跟著瓦解。

慮到這一點，自然會選擇對方喜歡的事物、感興趣的內容、雙方共通話題等，作為聊天的題材。

在決定話題之後，最後必須留意言詞。想打動一個人不能光靠邏輯，因為人總是以情感為優先，然後用邏輯將情感合理化。所以，說話時必須先考慮對方聽了會怎麼想，使用不會傷到對方、能使他心情愉悅的言詞。在提出問題之前，也要想清楚該怎麼問，能讓對方比較容易回答。

綜合以上所述，聊天可以分成六個層次，由最底層依序向上，來組織談話內容。只要意識到這一點，大家都能運用談話策略。

POINT

先意識到聊天有基本策略，再開始閒聊。

【好處3 關係破冰】
用「閒聊矩陣」消除對方的戒心

想藉由聊天贏得對方的好感，加深信賴關係時，要以什麼定位進行對話比較好？

聊天時的對話定位，可以用第三十一頁圖表3的矩陣圖來表示，縱軸代表「對話內容深入個人穩私的程度」，橫軸代表「希望和對方交談的程度」。

初次見面還存有戒心時，當然不想談及私人話題，因此必須從左下方①的位置來對話。然而，很喜歡對方也互相信任時，會聊到比較多私事，也就是用右上方的目標區來對話。

所以**不管任何情況，幾乎都從左下方的①開始閒聊**。接著必須思考，怎麼走才能抵達右上方的目標區。換句話說，聊天時不能突然切入右上方的目標區，而必須循序漸進。

抵達最終目標的2條路

為了抵達目標區，該怎麼走才好？其實有兩條路。

第一條是經過右下方②的路，持續聊一些不痛不癢的內容，以到達②為目標。儘管內容無關緊要，但重點是選擇對方可能感興趣的話題。

舉例來說，先從「今天好熱」這種無關緊要的話題開始，接著談論對方喜歡的高爾夫球。像這樣建立某種程度的信賴關係後，可以慢慢切入私人領域的話題，例如：「請問令尊是做什麼的」。然後，朝著左上方的③前進，逐漸提高親密程度，最後以右上方的目標區作為終極目標。

另一條路是由左下方①的位置開始對話，然後直接切入私人領域。舉例來說，先透露自己的隱私，消除對方對談論私人話題的排斥感，再提供引起對方興趣的話題，抵達最終目標區。

不過，**這種速攻法必須搭配人品和技巧**。對不擅長聊天的人來說，按照①、

圖表3　私人對話

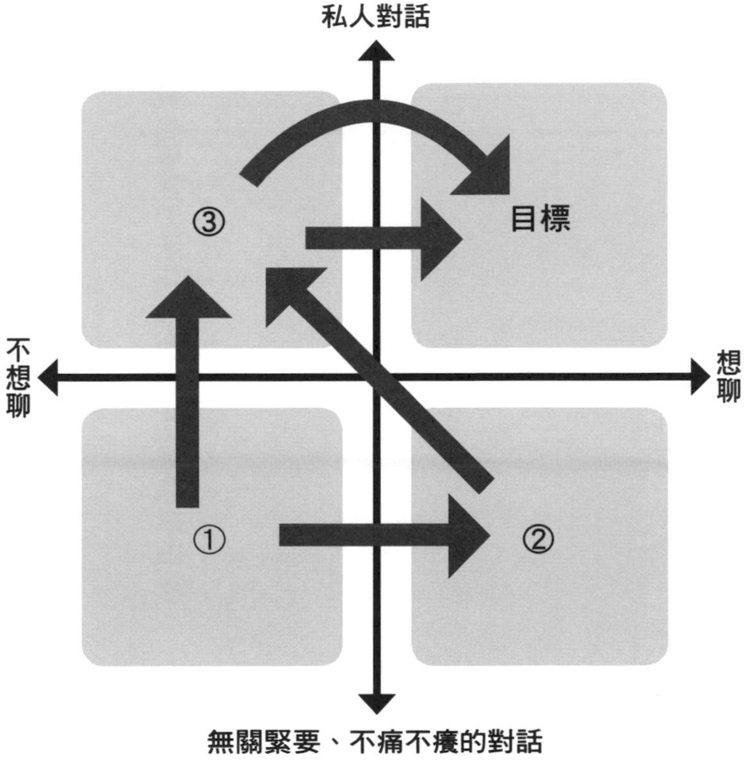

大多數情況下，商務閒聊都定位於 ① 的位置。雖然有 ①→③ 的速攻法，但原則上是循正規路線，經過 ② 進行對話。

②、③的順序抵達最終目標區，是最不容易失敗的正規路線。

POINT

不要想著速戰速決，而要循正規路線進攻。

【好處4 增加信賴】用「QART循環技巧」讓對話不間斷

「QART循環」是絕對不會讓談話中斷的技巧。即使對方不想再聊，運用這種技巧，談話仍然可以繼續。

QART循環是以問題為中心來組織談話內容，但並非只是提問。聊天是為了共享情感，因此這個技巧是要讓雙方好好交談、持續閒聊。為什麼以問題為中心，對話就不會中斷？關鍵在於提問的功能。

假設現在我和你在一起，我問你：「昨天你幾點睡？」此時，你的腦海裡會浮現什麼畫面？

首先，你試著回憶昨天發生的事，例如：「咦？我昨天幾點睡啊？我是十二點左右上床的」，於是你回答：「我昨天十二點左右睡。」這便是提問的功能。

換句話說，因為我問「昨天你幾點睡」，所以你自動回想昨天幾點睡，然後自動回答昨天睡覺的時間。由此可知，**提問的兩大功能是，針對問題內容，①讓對方去想、②讓對方回答。**

只要提問，對方總會回答些什麼，對話就不會中斷。當然，如果展開問題攻勢，會令對方覺得不愉快。因此，在對方回答後，自己要表現出贊同、肯定等反應，有時也說自己的情況，再進入下一個問題。如此一來，對話會依照圖表4的方式發展。

用以下這個例子進行說明：

①提問：「昨天你幾點睡？」
②對方回答：「嗯，大概十二點左右。」
③反應：「咦？還真晚耶！」
④自己說：「我都十點左右就睡了。」
⑤再次提問：「一般你都睡幾個小時？」

圖表4　QART 循環技巧

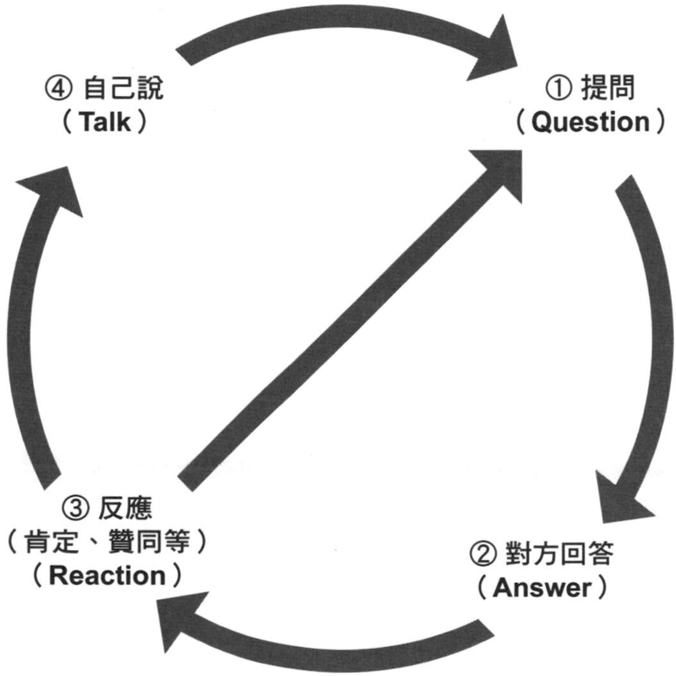

① 提問 → ② 對方回答 → ③ 反應 → ④ 自己稍微說一點 → ①
（＊原則上是由 ①～④ 循環下去，但有時可能是由 ③ → ① 。）

對方無法忽視⑤的問題，會自動去想：「我睡多久啊？大概六小時吧」，接著回答：「大概六小時左右。以前我只睡四、五個小時呢！」

然後，重複同樣的循環。「咦？你只睡四、五個小時嗎？你真的很忙耶！如果是我，隔天一定沒有精神。請問您從事什麼工作呢？」如此一來，對話就不會中斷。

有時候，可以省略自己說的部分，提問並等對方回答後，針對回答做出反應，然後提出相關問題。

估算話題快要結束的時間點

使用QART循環技巧時，重點是在對話快結束時提問。當自己說完時，如果對方沒有任何反應，或是在對方回答後，自己沒有反應，閒聊就結束了。所以，**在對話快結束時提問，能讓對話持續下去**。

這種技巧其實經常運用在男女關係上。比方說，透過社交軟體或社群網站聊天，當話題快要結束時，為了不讓對話中斷，在最後提出「對了，〇〇小姐，你喜歡葡萄酒嗎」之類的問題。

拋出問題讓對方回答，對話便得以持續。**因為在你提出問題後，對方會覺得，直接關閉社交軟體或離開社群網站有點尷尬，於是做出回應。**QART循環技巧就是運用這種心理。

POINT

在進行商務閒聊時，高明的提問技巧格外重要。

“

擔心找不到話題、怕被討厭都只是庸人自擾，能聊得開心最重要。

第 2 章

想太多、沒重點……，讓你一開口就冷場嗎？

不擅言詞的人有4種類型，你是哪一種？

聊天是為了營造現場的氛圍，同時也是為了縮短和對方的距離。換句話說，「我不擅長聊天」代表抱持這種想法：「想營造良好的氣氛，卻找不到話題、說不出話」、「想縮短和對方的距離，卻想不出該說些什麼，結果陷入一陣沉默，使氣氛變得很尷尬」。

也就是會出現這樣的狀況：「和同事一起去吃午餐，卻不知道說什麼才好」、「公司聚餐時坐在主管旁邊，想要有良好的互動，卻想不到任何話題」、「拜訪客戶時，想先用閒聊來緩和氣氛，卻持續沉默，反而搞得氣氛很尷尬」。

相反地，只要有很擅長聊天的人在場，現場就會變得很熱鬧，笑聲不斷，可以營造出很好的氛圍。

有些人不論和誰在一起、談論什麼話題，都能開心地持續對話。舉例來說，知名主持人塔摩利、搞笑藝人明石家秋刀魚，都讓人覺得他們真是閒聊的天才，因此人氣能歷久不衰。

我每次看到擅長聊天的人，總是會想：「我到底哪裡跟他們不一樣？」擅長與不擅長聊天的人，究竟有什麼不同？

不擅長聊天的人可分為四種類型，接下來的幾節裡，將分別介紹這四種不擅長聊天的類型。如果你認為自己不善於聊天，可以試著分析自己屬於哪一種類型。只要知道自己所屬類型，自然能找到因應對策。

不過，**想知道自己所屬類型，必須冷靜地進行自我分析**。請捨棄一廂情願的認知：「我應該不是這樣」，冷靜地自我省思。

POINT

想知道自己為什麼不擅長聊天，必須冷靜地進行自我分析。

【類型1】總是在意別人怎麼想——其實對方不會牢記內容

聊天和信件或電子郵件不同，必須依靠當下的判斷來回應對方，或是自己展開話題。因此，若錯失發話時機，就無法順暢地聊下去，甚至陷入沉默。**有些不擅長聊天的人聊到一半，突然想到某個詞彙、某個話題或某個故事，但在說出來之前，便過度擔心「我講這個，對方會怎麼想」，最後連一個字也說不出來。**

舉例來說，還沒開口就先擔心：「我這樣講，他會不會討厭我」、「我提出這個話題，他會不會覺得『這個人真是個白痴』」。因為被這種顧慮影響，無法在最佳時機說出好不容易才想到的話，結果什麼都沒說。

各位可以想想看，**談話對象真的會逐字逐句地聽你說話嗎**？其實，很多人根本不會仔細聽，也不太記得聊天內容。

根本不會去記談話的內容

在談話的過程中，有時確實會覺得對方說的話有點奇怪、印象不太好，但那是一瞬間的事。只要不是太離譜，等聊完一陣子之後，不好的情緒很少一直留著。

想想自己的親身經歷，應該就能理解。聊天時聽到對方說的話，幾乎沒有人會逐一下評語，例如：「真的有夠笨」、「眼界真小」等，然後這種負面印象還久久揮之不去。相信各位都曾在聊天時聽過這句話：「咦？剛才說到哪裡了？」閒聊就是這種程度的事。

此外，在談話節目裡，經常可以看到，搞笑藝人詼諧逗趣地大談自己的失敗經驗，其中有一般人絕對不會犯的錯，或是讓自己看起來像個白痴的案例。但是，很少人把這些失敗經驗當真，認為「他會這樣失敗，實在是笨透了」，相反地，大多數人覺得這樣很有親切感：「他真有趣」，而產生好感，說不定還覺得：「這個人很會說話，真是個聰明人呢！」

總是因為聊天內容而擔心對方怎麼想的人，應該先懷疑自己是不是自我意識過剩。

聊天是為了營造現場的氛圍，所以聊得開心最重要。說話時的開朗氣氛會使對方產生正面情緒，留下好印象。至於擔憂談話內容，幾乎都只是庸人自擾。閒聊成功與否，取決於說話的方法。

POINT

不需要太在意談話內容，聊得開心最重要。

【類型2】找不到合適話題——要運用「麥拉賓法則」

有個知名心理學概念稱為「麥拉賓法則」（Rule of Mehrabian，編註：由美國心理學家艾伯特・麥拉賓〔Albert Mehrabian〕提出），簡單來說，研究在人際溝通時接收的訊息裡，有哪些要素會對對方產生影響。研究中舉出三項要素，分別是言語訊息（談話內容、言詞意義）、聽覺訊息（聲音、語調、語速等）、視覺訊息（外表、表情、動作、態度等）。

麥拉賓發現，假設訊息對一個人的整體影響為一〇〇％，言語訊息的影響只佔極低的七％，聽覺訊息的影響約佔三八％，視覺訊息的影響約佔五五％。換句話說，**影響溝通的訊息當中，九成以上是言語以外的部分**。

關於言語訊息與非言語訊息對溝通的影響，這項研究提供重大啟發。我最近針對商務閒聊的效果和技巧想了很多，認為麥拉賓法則可以充分運用在聊天上。

在不擅長聊天的人當中，是不是有不少人因為找不到好話題，而沉默不語？**這種人在與對方初次見面之前，總會煩惱「要說什麼才好」、「不知道能否找到好話題」，而過度憂鬱**。他們正是會看「閒聊必備話題」這類書籍的人。然而，根據麥拉賓法則，言語訊息對溝通的影響力其實很低，只有約七%。

比起話題，更應注意外觀

特別是聊天時的言語影響力，應該比簡報或協商更低。各位可以回想自己的經驗，比方說，幾天前無意間與同事或客戶閒聊，現在是否清楚記得當時說些什麼？相信絕大多數人都不記得。

因為找不到話題而自認不擅長聊天的人，最好改變對聊天的認知。**說不定閒聊不順利，不是因為找不到話題，而是因為太擔心找不到話題，把緊張全寫在臉上，變成傳遞給對方的訊息**。閒聊成功與否的關鍵在於，能否給對方言語以外的正面感受，例如：快樂的氣氛、對方笑了等。

我們復習麥拉賓法則：言語訊息的影響只佔七％，聽覺訊息的影響約佔三八％，視覺訊息的影響約佔五五％。

所以，想讓閒聊成功，首先要注意自己的外表是否乾淨、是否穿著奇裝異服。舉例來說，如果談話對象的鼻毛從鼻子裡跑出來，你可能會轉移注意力，無法專心聊天。以後你每次見到那個人，大概都會想到他的鼻毛。

另一個重要關鍵是態度和表情。如果一直面帶笑容，認真聆聽對方說話，加上各種肢體動作，創造出愉快的氛圍，就會使人留下好印象。各位可以試著研究最合宜的語調和語速。

只要這麼做，就決定你給對方印象的九三％。如此一來，便能擺脫不擅長找話題的煩惱。

POINT

太擔心找不到話題，反而無法讓閒聊順利進行。

【類型3】不想說沒意義的事——聊天是談重要事的捷徑

有些不擅長聊天的人，不喜歡跟別人說沒有意義的話。其實，我也是這種類型的人，由於工作的關係，講話時習慣有條理地導向結論，好像在法庭上陳述意見。我不喜歡說話不著邊際，或是談論自己的隱私等。不論想到什麼話題，最後都會演變成「這種話對對方一點意義也沒有，還是不要說好了」。

因此，我很了解這樣的想法：「我不想和工作往來對象說沒有意義的話」、「正因為是工作，更應該說些有意義、對將來工作有幫助的內容」。

然而，**只要你抱持這種想法，便絕對無法消除「聊天時不知道說什麼才好」的煩惱**。前面提過，「聊天」的字義是「各式各樣的談話、不著邊際的對話」，談話內容本來就沒有意義。

以閒聊的經典話題「天氣」為例，「今天天氣真不錯」、「最近天氣真的變冷」這種內容，一點意義也沒有。

沒意義便是有意義的商務閒聊

若問我平常是否不與別人聊天，其實我每天都在閒聊。如同前面提過的，聊天也是促成本書撰寫的契機。

剛才說聊天是不著邊際、沒有意義的對話，但內容沒有意義，不代表聊天這個行為沒有意義，也不表示聊天得不到任何效果。很多人反而覺得，聊天是工作中不可或缺的一環，也是一種工作技巧。

不擅長聊天的人會煩惱，是因為即便知道沒有意義的對話很重要，卻無法做得很好。如果真心認為沒有必要，當然不需要煩惱。

正因為聊天內容沒有意義，聊天這個行為才有意義。明明初次見面，對對方一無所知，一開口就談工作，總讓人覺得有些不自然。即使為了工作，希望與對方建立良好關係，若完全不了解對方，也不知道該從何著手。

即使同事，如果完全不聊天，只是獨自處理行政工作，有時難免沒有掌握對方談話的確切涵義，而招致誤解，甚至失敗。

透過聊天了解對方的人格特質，能讓初次見面的人拉近距離，並建構使工作順暢的人際關係。**從這個角度來看，聊天可說是一座黃金大橋，通往真正有意義的對話**。

這麼一想，自然會知道，太重視事物的意義、不想說廢話的人，該如何看待聊天這件事。**聊天時不需要考慮內容的一致性，或是對對方有什麼好處。說廢話正是閒聊的重要關鍵**。

想與對方建立良好關係，聊聊沒意義的內容是必要手段。工作時不想說廢話的人，何不從這種策略性角度，看待聊天這件事呢？

POINT

正因為聊天內容沒有意義，閒聊這個行為才有意義。

【類型4】說話天女散花沒重點——引發共鳴才是關鍵

在不擅長聊天的人當中，有些人說話沒重點，或是越講就越搞不清楚自己要講什麼。不少人正是因為察覺這一點，才認為自己不擅長聊天，甚至變得膽怯。**這些人認為如果要說話，要像做簡報一樣，從頭到尾都只講事先準備好的內容**。然而，聊天不可能事先做準備，所以他們覺得自己不擅長聊天。

令人感到意外的是，很多律師都屬於這種人。律師擅長有條不紊地說話、寫作，但在進行日常對話時，卻常讓人覺得不知所云。如此一來，他們變得討厭說話，也因為不會聊天，無法與客戶建立良好關係，甚至影響到本業工作，形成惡性循環。

本來就不需要重點

對於聊天時說話沒重點的人，我只有一句話要送給你們：「聊天不需要重點。」聊天的內容本來就沒有意義，完全不需要符合邏輯，只要抱持「想和對方建立良好關係」的心情即可。

如果把聊天時的詞句化為文字，應該都是一些感受性的、幾乎沒意義的文字，例如：「好厲害」、「那種感覺我很了解」等。但是，只要有這種程度的話語，對話便足以成立。

聊天是一種溝通，目的是讓彼此的情感產生共鳴，因此就算只是堆疊一些表達感受的詞彙，例如：「嚇我一跳」、「好漂亮」、「好酷」等，也無所謂。即便話語前後矛盾也沒關係，對方不會敏感地發現這些矛盾。若對某件事的感受和之前說的時候完全相反，只要再說一次即可。

即使你說：「雖然我剛才這麼說，但其實應該是這樣才對」，對方應該也不會在意。對方不會說：「這不是和剛才的說法矛盾嗎？這樣太奇怪了。請具體說明你為什麼改變看法！」

一開始說話時，沒有明確結論也無妨，換句話說，聊天本來就不需要有明確的結論。**如果你擔心講著講著，內容便亂成一團，可以一開口就先說：「我還沒辦法整理得很好」，或是「這個想法不太符合邏輯」**。

習慣使用邏輯來表達的人，非常不擅長表達自己的感受，從某種程度來看，這甚至是一種很可怕的說話方式。

不過，各位可以試著分析喜歡聊天的人怎麼說話。你應該會發現，很多人都是憑感覺在說話，想到什麼就說什麼。你也許可以模仿他們，或是平常走路時，一邊看看四周的風景，一邊立刻把感受說出來，這樣可以訓練自己的閒聊能力。

只要用這種方法展開對話，便能如釋重負：「什麼嘛，原來只要這樣做就好！」

POINT

聊天時不需要重點，能傳達感受才是關鍵。

自我介紹不能只說基本資訊，得突顯自身功能

現在你已經了解自己是哪一種類型的人，也知道相應的對策，下一步便是自我介紹。

和初次見面的人聊天時，經常必須簡單地自我介紹，很少見到只交換名片就算打完招呼的情況。事實上，如果工作上常需要接觸不同的人，應該會準備一段隨時能派上用場的自我介紹。

自我介紹除了姓名之外，還會選擇一些能突顯性格的話題，例如：年齡、血型、出生地、就讀大學，或是興趣、拿手技能、喜歡的食物等，然後從中找出對方感興趣的話題，開始閒聊。

然而，商務閒聊很少只是為了和對方和睦相處，大多還有其他目的。**在工作場**

合和其他公司的人交換名片並談話，通常都有後續目的，像是想將商品賣給對方、想接對方公司的訂單等。

若想建立私人情誼，就在自我介紹裡加入個人資訊。若只想有工作上的往來，即便是自我介紹，也不太需要說明個人資訊，如出生地或興趣等，此時需要的是，直截了當地說明自己和自家公司提供的商品或服務。

以下面的自我介紹為例：

我是○○股份公司的業務部長○○。我們公司位於東京都港區，產品在○○業界擁有三○％的市佔率，創立至今已有五十年的歷史……。

這是很常見的自我介紹內容，但若目的是與對方簽約，這樣的自我介紹其實不太管用，因為對方其實不想知道這種類似公司簡介的資訊。

來我們事務所登門拜訪的業務員當中，有些人會這樣介紹自己。但是，我對這種資訊一點興趣也沒有，很想直接問：「你對我們事務所能有什麼幫助？」

在第一次接觸時突顯自己的存在價值

在工作場合進行自我介紹時，應該要讓對方知道，**你這個人的存在對他有什麼意義，能為他帶來什麼幫助**。

我舉律師這個職業來做說明。首先是不好的例子：

我是律師谷原誠，今年四十七歲，擔任律師已經二十二年。我協助客戶處理各種法律問題。我什麼問題都可以處理，如果您有任何困擾，請務必與我聯繫。

律師本來就必須處理各種法律問題，什麼都得做，因此上述自我介紹說得一點也沒錯。然而，如果是不熟悉法律問題的人，聽完這段自我介紹，還是不知道可以找你諮詢什麼事。等到真的發生問題時，大概也不會想到你。

為了和實際工作產生連結，在說明姓名等資訊之後，必須加入以下內容：

「我可以為貴公司解決勞工問題，擬定防患未然的對策。」

「我可以用車禍受害者的代理人身分，替您請求損害賠償。」

「若您或您的親朋好友有這類問題，我第一次可以免費諮詢，請先來找我聊聊。」

自我介紹時，最好讓對方知道你能具體幫上什麼忙。**自我介紹是工作場合最重要的第一次接觸。必須根據自己想達到的目的和談話對象，選擇能發揮最大效果的話語。**

接下來如果還有時間，進一步說明「自己為什麼要處理這類問題」，可以使對方留下更深刻的印象。

和初次見面的人交換名片、進行自我介紹，是為了讓對方在短時間內了解你，覺得你是工作上值得往來的人。所以，自我介紹並非隨意描述自己認定的自我形象。

POINT

所謂策略性的自我介紹，就是說明「自己能幫上對方什麼忙」。

發言不能一廂情願，要站在對方的立場設想

上一節提過，為了和在宴會或交流會等場合認識的人有工作往來，自我介紹是不可或缺的手段。因此，必須準備有助於工作的自我介紹內容。

做生意是要讓對方購買商品或服務，所以有助於工作的自我介紹，就是讓對方知道你是對他有用的人。

如果有人花一萬日圓購買某項服務，代表他認為這項服務價值一萬日圓以上，使用這項服務會讓自己的生活變得更好，或是對公司的獲利有所幫助，於是他決定購買。

「站在對方的立場」自我介紹

這麼想來，自我介紹時必須展現「自己能提供這種貢獻」。換句話說，要站在對方的立場進行說明，而不是單純地自吹自擂。

各位覺得以下這種自我介紹如何呢？

我們是讓您心情雀躍的專業清潔公司，我叫〇〇，我的工作是讓您家裡的浴廁、廚房、瓦斯爐、空調等光亮如新。如果家裡不乾淨，心情就不會好，也會影響健康。我們每天努力工作，讓您的家永遠窗明几淨，相信您全家人都會心情愉悅，成為每天笑聲不斷的幸福家庭。

這是一篇從不同觀點切入的自我介紹，其中有下列四個重點：

①站在對方的立場（打掃浴廁、廚房、瓦斯爐等容易髒又難清洗的地方）。

②宣傳口號（「心情雀躍」）。

③自己能幫忙對方什麼（打掃家裡有益家人健康）。

④對工作的用心（透過打掃創造幸福家庭）。

此時，完全不需要自以為是的發言。千萬不要忘記，對方聽你自我介紹時，在想著「這個人可以幫我什麼忙」。

工作場合中有很多自我介紹的機會，因此先寫好一篇自我介紹的文章，並且背下來，也是不錯的做法。

POINT

自我介紹是向眼前的對象說明，自己能幫上什麼忙。

聯天高手會正確掌握對方的談話內容
與意圖，把他們當作主角。

第 3 章

學超級業務員常用的
9 個誘導人心「問話法則」

推銷時，你是用力說明產品，還是用心讚美對方的品味？

說到聊天高手，腦海中似乎就會浮現「擅長讚美」的印象。**讚美可以滿足對方的欲望，這種行為在私人場合上和商務閒聊時都很有效果。**

我在二十五歲時當上律師，也領到相應的薪資。因此，我剛成為律師時，便決定要買人生中的第一台車，在看了許多雜誌後，鎖定豐田和速霸陸。

我不清楚現在的賣車方式，但當時只要打通電話給經銷商，他們就會派人到事務所。於是，我打電話給豐田和速霸陸的經銷商，業務員便帶著型錄前來拜訪。

豐田的業務員在我進入會議室、和他交換名片後，就打開精美的型錄，開始說明豐田汽車的優點：

這台車很省油，每年花在車子上的錢（包含油錢、稅金和保險等）比較少，而且車內空間也比較寬敞。

他說得口若懸河，令我印象深刻、佩服不已：「不愧是豐田的業務員，口才真好！」我看著精美的型錄，聽到這樣的說明，深深感受到那台車的魅力。

接著，我請速霸陸的業務員來事務所。我們交換名片並隔桌對坐後，那位業務員便開口說：

哇，你這麼年輕就當上律師，實在是太厲害了！我原本以為是更年長的人呢！

然後，他又不停地抬舉我：「你一定讀了很多書」、「二十五歲就當上律師，你一定很受女孩子歡迎」、「你真的很孝順」等。**雖然知道這只是些客套話，但是他一直這樣說，我慢慢開始信以為真**。

聊了大約三十分鐘後，那位業務員終於翻開型錄說：「像谷原先生這麼年輕帥氣的人，如果開這台車，一定是相得益彰！」接下來，他幾乎沒介紹車子的功能就回去了。

閒聊力比商品說明力更重要

我反覆翻閱豐田和速霸陸的型錄，思考要購買哪一台車。雖然我理智上知道要好好考慮再做出選擇，可是心早已偏向速霸陸，**因為在閒聊時，業務員讓我心花怒放**，而且腦中深植著自己帥氣開著速霸陸的形象。最後，我選擇速霸陸的車。

這次經驗讓我體驗到聊天的力量。**即便商品說明非常完美，如果你的對手會利用聊天使人產生好感，你就失敗了。**

以律師為例。如果有兩位律師，一位能力很強、但看起來很冷漠，一位不知道能力如何、但令人深有好感，大多數客戶都會選擇後者。前面提到的業務員和律師也是一樣，不論業界公認他多麼有能力，一般人未必知道。

這樣想來，各位應該能認同「在工作場合，閒聊力比能力更重要」的說法。利用聊天使對方感到愉快，獲得對方的好感，便能讓後續工作順利進行。

所以，先讓對方喜歡自己吧。

POINT

人們總是拿自己喜歡的人沒輒。

拜訪時，除了要有90%的準備，還得當個提問高手

擅長讚美的人容易獲得對方的好感，這一點無庸置疑。然而，並非每個人都擅長讚美。第4章也會談到，想要讚美得恰到好處，出乎意料地困難。因此，**我提供各位兩項建議，就是「事前準備」和「當個好聽眾」**。本節先針對事前準備這一點進行說明。

聊天給人的印象是不著邊際的對話，想到什麼就說什麼。但實際上，聊天高手擁有豐富的知識，不論面對什麼話題都游刃有餘，還能使話題持續發展，營造開心的氛圍。

我們一般都以為，不擅長聊天的人不可能馬上變得厲害。真是如此嗎？**其實，即便有所限制，只要事前準備，還是可以在現場扮演聊天高手，應付各式各樣的話**

題。

聊天高手幾乎個個知識淵博，這種先天的差異必須靠事前準備來彌補。

如果可以事前準備，一定要當個提問者

假設你要拜訪一家公司，應該會先仔細熟讀該公司的官網或出版物、印刷品。如果剛好有社長的採訪報導，你應該也會事先研讀。此外，還會學習該公司所處業界的相關知識與最新趨勢。這些是屬於知識的部分。接著你根據這些知識，寫出要問對方的問題和給對方的讚美：

「貴公司創業不過十年，就已經躍居業界龍頭，這段期間應該有不少辛苦的經歷吧？」

「我聽說社長是長崎人，請問您為什麼來到東京呢？」

「貴公司的技術力真是無與倫比！特別是○○的市佔率高達六五％，實在是太厲害了！」

盡可能多寫一些這樣的台詞，等累積到一定程度後，把它們背下來，練習說個幾次。像是演員練習演戲一樣，假設對方就在你面前，試著練習說說看這些台詞。

另一個重點是，前去拜訪時，盡量讓自己成為提問的一方。只要提出問題，對方便會回答你，也就是說，你可以藉由提問來掌控話題。**因為你已透過事先學習，有了豐富的知識，若把話題控制在自己了解的範圍內，自然可以從容應付。**

運動選手天天努力鍛鍊，並且透過意象訓練（編註：指在腦海裡重溫或創造運動中的情境，是運動員常用的心理訓練）迎接正式比賽的到來，最後贏得勝利。演員背好台詞，一次又一次地排練，上台後成功用演技打動人心。聊天也是同樣的道理，**事先做好準備並反覆演練，就能在現場成為聊天高手**。從這個角度來看，若說「閒聊要成功，九成靠準備」也不為過。

那麼，事前不知道會見到誰，或是偶然遇見一個人時，又該如何是好呢？這時便要祭出第二種手段：當個好聽眾。詳情留待下一節再做說明。

POINT

事前就知道會見到誰、在哪裡見面時，任何人都可以成為聊天高手。

沒話題時，快學卡內基使用「聆聽」這一招

我不擅長聊天，很難自己設定話題，並且和別人聊起來。因此，我經常扮演聽眾的角色，適時提出問題，或是針對對方的談話提出一點意見。不過，每當我說「我真的不擅長聊天」時，周遭的人總會說「你又來了」，或是「你明明很擅長」。這到底是怎麼一回事呢？

世界著名人際關係學大師暨溝通專家的戴爾．卡內基，在其著作《如何贏取友誼與影響他人》中，提到以下的小插曲。

在某次宴會上，卡內基遇到一位知名植物學家。他聽完植物學家的話之後，覺得植物的話題很有趣，於是興致勃勃地與對方聊了幾個小時，完全忘記現場還有其他賓客。

談話期間，卡內基因為完全不了解植物學，沒有任何說話的題材，只是專心聆聽植物學家的談話。他聽完之後，覺得植物的話題實在太有趣，便說了許多讚美之詞。

當卡內基要告辭時，據說那位植物學家讚美他是「世上少數會說話的人」。那時，卡內基表示：「我明明只是聽他說話而已，他說我『很會說話』，著實讓我吃了一驚。」

他在書中引用美國作家傑克·伍德福德（Jack Woodford）的這句話：

很少人能抗拒別人對你的注意，那是最不著痕跡的恭維。

那位植物學家很開心地說了幾個小時，卡內基的讚美應該充分滿足他的自尊心。於是，他對卡內基留下「世上少數會說話的人」這樣的印象。

由此可知，當人們覺得一個人很會說話時，這個人不見得說話滔滔不絕、口若懸河。如果在聊天的過程中，讓對方享受快樂的時光，就算你幾乎沒有開口、只是當個聽眾，對方也會對你產生「那個人很會說話」的印象。

這個例子告訴我們，**聊天時把對方當成主角非常重要**。看到這裡，不擅長說話的你是否看到一線曙光？

聊天高手會把對方當成主角

想要成為聊天高手、讓對話順利流暢的人，必須記住一件事，那就是說話的人才是主角。

一場對話中有說話者和搭腔、提問的聆聽者，這兩者的角色會視情況互換。若聆聽者正確掌握說話者的談話內容與意圖，並且適當地應對，對話便能順暢進行。然而，若聆聽者只是站在自己的立場，和說話者進行一問一答，對話很容易產生摩擦。

舉一個例子。假設同事對你說：「最近工作好忙喔！」在思考該怎麼回應時，如果光是根據這句話立即做出回應，是很危險的。**因為這句話的涵義，會依據當時的實際情況、談話脈絡，以及雙方的關係產生改變。**

針對這句話，首先想到的意圖是抱怨公司或主管。若要迎合對方，回應大概就是「對啊，真是一家黑心企業」，或是「我也是啊，上個月加班○小時」等等。

不過，這句話除了是對工作忙碌的不滿，也可能是在炫耀自己很忙。若是如此，可以抬舉對方：「你真是了不起。聽說你的工作能力獲得高層的好評呢！」這樣一來，對方應該會覺得很愉快，繼續自吹自擂（你想不想聽是另外一回事）。

最常犯的錯是「以自己為主角」

聆聽者最常犯的錯，便是不停地說自己想說的話。如果自己剛好也對加班有滿腹苦水，當有人提到「很忙」的話題時，就會立刻不自覺地把發話權轉到自己身上，例如：「對啊，我最近也一直加班。昨天還加到晚上十點！真的快累死了」等。

若你不知道對方這麼說有何意圖，不需要做出正面或負面的回應，只要給他一個中性的回應即可。

從上述例子來看，當有人跟你說：「最近工作好忙喔」，你可以回問：「怎麼啦」，或是略表同意：「對啊，你看起來真的好忙」，或是重覆對方的話：「嗯，你最近很忙啊」，然後看看對方的反應。如果對方有想說的話，接下來應該會再丟出一些話，使你更能掌握談話方向。

當有人來跟你說話時，最重要的原則是：在明白對方的意圖之前，先把發話權交給他。

POINT

進行商務閒聊時，讓先發話的人繼續當主角。

【誘導法1】搞懂對方到底想說什麼，以免導錯方向

想使閒聊順利進行，必須順著話峰走，不逆流而行。而且，有時還得事先判斷如何讓對方持續說下去，並加以引導。

若是引導技巧很好當然沒問題，但如果引導到錯誤的方向，可能就聊不下去。

在法庭上，根據錯誤的事實提問稱為「誤導式詢問」。與人聊天時，有時也會發生類似的情況。

看看以下這個例子：

回話藝術案例1

A：「昨天我被課長叫進會議室念了一個多小時！」

B：「咦？那位課長真的很討人厭耶！」

A：「唉，不過說到底，是我自己不好啦。」

B：「話雖如此，那位課長本來就愛說教，還會死纏爛打。」

A：「也不是這樣啦，課長雖然很嚴厲，但是工作能力很好，我還蠻尊敬他的。」

B：「不過，他雖然對部屬很嚴厲，對部長卻很諂媚。難道說當課長的人都必須這樣？」

A：「……。」

聊到這裡，為什麼聊不下去了呢？

A來找B說話，表示他有一些事想告訴B。若B能順著A的語意，A會比較容

易說下去。

一開始，A說：「昨天我被課長叫進會議室念了一個多小時」，當中有三個重點可以成為對話主題：昨天、課長、被念一個多小時。

然後，B對其中的「課長」反應過度，想把話題帶到說課長壞話上。但A對課長並沒有負面情緒，很顯然不想往那個方向進行，而B卻執著於那個話題，導致雙方談話越來越不投機。

A想說的究竟是「昨天發生的事」，還是「關於課長」，或者是「被念了一個多小時」？**如果可以預測，便能把話題引導到那個方向去，如果無法預測，就必須先搭腔才行**。

比方說，用「那真是太慘了」來回應，接著A可能會說：「對啊，昨天實在是太慘了。早上……」，或是說：「對啊，雖然錯在我沒有仔細確認，但沒想到因為這樣就影響到出貨時間」等，切入自己想說的內容。

假使B無論如何都想談論「課長是雙面人」的問題，也會找其他機會。因為一開始設定話題的人，本來就應該是對話的主角。閒聊時，人們很容易犯這種錯。

在法庭上如果提出誤導式詢問，對手律師會立即表示反對。但聊天時即便有人誤導對話，也不會有人糾正，只是讓對方感到不舒服而已。因此，請各位一定要特別留意。

關注對方發言的哪個部分，可以炒熱氣氛？

為了使聊天盡興愉快，讓說話的人說得開心非常重要。然而，有時就像前述例子裡的Ｂ，雖然不是故意的，卻將對方想說的話打斷。

這裡以常見的聊天內容為例，探究其中的原因。假設朋友對你說：「暑假我去了沖繩，那裡的海好美喔！」你會有怎麼反應？相信不少人都覺得「這種話題很難回應」。**因為從這句話當中，很難得知對方到底想說什麼、重點到底在哪裡。**

為了思考如何找到聊天的契機，請先將這句話拆解成幾個部分，再想想話題的重心應該放在哪裡。

①暑假

②去了沖繩
③海好美

對方應該是想把重點放在這三點中的其中一點。
接下來針對每一點，舉一些應答的例子，請各位一起想想看：

①暑假

例：「咦？你暑假去了啊！」

可能有讀者很想吐我槽：「重點怎麼會在那裡！」這種回應雖然有趣，卻不像是一般的對話。在這個例子裡，因為重點放在「暑假」的可能性很低，所以先排除這種反應。

②去了沖繩

例1：「沖繩不錯耶！關島和塞班島也不錯，不過還是沖繩最好。」

例2：「那你有去首里城嗎？」

例1是不會出錯的回應。例2的情況則是：即便對方想講沖繩的事，話題卻一下子轉移到首里城上，於是對方想說的話可能會被打斷，因為他想講的很可能是海的話題。

③海好美

例1：「你去了哪裡的海？」

例2：「那你有去看珊瑚礁嗎？」

例3：「說到海，宿霧和夏威夷的海也很漂亮耶！」

例1、例2不會出錯，而最後的例3最好還是別說。朋友跟你說去沖繩的事，你卻把話題轉移到別的海域，明明他想跟你聊沖繩，卻因此被打斷，他很可能會感到不愉快。所以請各位特別留意，不要不自覺地打斷對方說的話。

若找不到對方話語中的關鍵字句時，可以丟出這樣的回應：「真好耶！那你的感想呢」，進一步探究對方想說的重點。如果那個人很喜歡海，想多說一些海的事，自然會進入海的話題，如果他想說的是沖繩這個地方，話題會從關於其他景點切入。

POINT

所謂的聊天高手，是指擅長讓對方說話的人。

【誘導法2】擲出「問話回力鏢」，一問一答炒熱氣氛

聊天除了提問，有時也會變成被詢問的一方。**此時千萬不要忘記，在你回答問題之後，也要丟一個問題給對方。**舉個例子：

回話藝術案例2

A：「谷原先生有做什麼運動嗎？」

我：「我有練合氣道。」

A：「那很厲害耶！你現在是幾段呢？」

我：「我現在是二段，不過大概只會到這裡為止了。」

A：「那你有打高爾夫球嗎？」

我：「高爾夫球？沒有耶！」

A：「這樣啊。」

我：「因為打高爾夫球都要早起，而且每次都要打一整天，以後我也不太想打。」

A：「原來如此。」

我：「不過，說到合氣道……。」

這段對話雖然勉強持續下去，但感覺完全忽視A的想法。A連續問了兩個問題：「谷原先生有做什麼運動嗎？」、「那你有打高爾夫球嗎？」**在無數話題中，A特別挑選運動的話題，甚至把話題限縮到高爾夫球上**。

如此一來，當我聽到問題時，就應該意識到「這個人是想談高爾夫球吧」。

對方用問題包裝想說的話

閒聊時，如果對方丟出問題，我們會針對那個問題思考，試圖回答並決定：「等會我也要回問同樣的問題。」只要丟出這個「問話回力鏢」，話題很可能就會轉移到對方真正想談的事上。

以下是另一個對話的發展：

回話藝術案例3

A：「谷原先生有做什麼運動嗎？」

我：「我有練合氣道。」

A：「那很厲害耶！你現在是幾段呢？」

我：「我現在是二段，不過大概只會到這裡為止了。」

A：「那你有打高爾夫球嗎？」

我：「高爾夫球？沒有耶！**A先生有打高爾夫球嗎？**」

A：「是啊，我只打高爾夫球，一年要打個五十次吧。」

我：「咦？一年五十次？」

A：「過去我還是上班族時，因為應酬開始打高爾夫球，然後就一直打到現在。」

我：「哇！真是太厲害了！A先生做什麼都很有毅力耶！我想請教一下，你覺得高爾夫球的魅力在哪裡？」

A：「這該怎麼說才好……。」

若是這種發展，一定可以聊得很愉快。由此可見，**當對方丟出問題時，要意識到「搞不好這個人想談這個話題」，等自己回答完之後，再試著丟問題給對方。**

只要運用問話回力鏢的技巧，便能輕鬆發現對方想講的內容，甚至使聊天的氣氛熱絡起來。

POINT

人們不太會問自己不感興趣的事。

【誘導法3】提問時設定範圍，引導對方回答不失焦

前幾天有人問我：「請問該怎麼做才能成為律師？」我一時語塞，因為真的不知道要從何回答起。光從問題本身，看不出提問者為什麼提出這個問題。我大略一想，至少有四種可能性。

①想知道如何申請法學院嗎？

②想知道怎麼準備才能考上法學院嗎？

③想知道怎麼準備才能通過司法考試嗎？

④想知道成為司法研習生後，面對法官、檢察官和律師這三項選擇，怎樣才能成為律師嗎？

我想各位讀者都知道，問題分成「開放式問題」和「封閉式問題」兩種。**所謂開放式問題，是指讓對方自由發揮的問題，例如：「您覺得如何」，而封閉式問題則是指限制對方回答內容的問題，例如：「這款車你喜歡白色還是紅色」**。

當可以預測答案、要限縮回答範圍，或是強迫對方做出決定時，會使用封閉式問題。開放式問題則是讓對方自由發揮，把回答的權利交給對方。剛才我被詢問的問題：「請問該怎麼做才能成為律師」，便是開放式問題。

我看過一些談論說話術的書籍，其中有不少書都提到：「與其提出限制回答的封閉式問題，可自由發揮的開放式問題更能炒熱聊天氣氛。」然而，事實真是如此嗎？

提出對方易答的問題

如同剛才提到的問題，提問者把回答的權利交給我，但問題開放到這種程度，反而主旨不明，因此很可能無法獲得自己期望的答案。

想得到期望的答案，在某種程度上必須封閉問題，並且引導對方回答。比方說，如果你想問準備方法，像這樣提問比較好：

「想成為律師，必須就讀法學院，大概準備幾年可以考上呢？」

「想通過司法考試，要準備到什麼程度？」

這種做法不只是為了獲得期望的答案，更是因為**太含糊的問題會使回答範圍太廣，造成回答者的困擾**。

對好心指導的人造成困擾是很失禮的，所以要把問題限制在必要範圍內，盡可能讓對方容易回答。如此一來，被問的人容易回應，聊天氣氛會變得熱絡，比較容易贏得對方的好感。

POINT

問題的主旨要明確。

【誘導法4】對話是兩人傳接球，你不能連珠炮問不停

聊天能讓雙方放鬆，在沒有壓力的情況下進行交流，藉此縮短人與人之間的距離，使關係變得更緊密。然而，在聊天的過程中，或是從旁觀察別人的對話，有時會發現有些人的說話方式讓人感到很不自在。

「連珠炮式發問」便是其中一個例子。有些人提出問題後，明明對方還在思考答案，他們馬上又提出另一個問題。

這種人大多沒有惡意，可能是因為提問後不想陷入沉默，或是想到更好的問題，於是再度發問。不過，發問的時間點實在太接近，對方會認為明明自己還在思考，話題就改變了，心裡難免會覺得不舒服：「所以我的回答可有可無囉？」

有時候，這種問法甚至會讓人覺得被逼問，而且發問的人最後也得不到自己想

聽的答案。換句話說，對雙方都沒有好處。

我在提問時，即使覺得對方想得有點久，還是會保持沉默。若對方看起來真的不知道該怎麼回答，我才會再問下一個問題。

對話的基本原則是「提問與靜默」。提問之後，即便有段時間陷入沉默，也不需感到慌張。

對話像是傳接球，提問等於把球丟給對方。在實際傳接球的過程中，你會在對方接到球，還在思考要怎麼丟回來給你時，就再丟一顆球給對方嗎？你應該會等對方把球丟回來吧。與人對話也是同樣的道理。

問了抽象問題，要立刻修正

不過，當問題太抽象時，立即修正自己的問題比較好。

「你對現今社會有什麼看法？」面對這種抽象的問題，偶爾會有人侃侃而談，但大多數人臉上都會浮現困惑的表情。**因為問題本身太過抽象，不知道對方到底想問什麼。**

如果不小心提出這種問題，自己發現「糟了」，必須馬上換一個比較不那麼抽象的問法。例如：

「我比較想問的是，你對現今的年輕人有什麼看法。」

「我現在最關心的是，隨著網路發達，社會出現什麼樣的變化。」

即便如此，這些問題還是很難回答。當然，問題的內容合宜與否，會因為對方關心的事、興趣、知識等而有所不同。另外，即使立刻改變問法，對方已經在思考上一個問題。因此，**先略表歉意：「不好意思，我的問題太抽象了」，也是不錯的做法**。

想讓對話順利進行，重點在於經常注意，自己說的話聽在對方耳裡是什麼感覺。磨練自己推敲對方感受的敏銳度，閒聊能力便會與日俱增。

POINT

不要連珠炮式發問，要根據對方的反應和問題內容做修正。

【誘導法5】當對方惜字如金，用5W1H找出「話題好球帶」

接下來，我針對談話對象的類型，說明在工作場合談話、聊天的有效策略。

聊天時最怕遇到不太會說話或話很少的人。**不太會說話的人在聊天時，當然不會主動發言，別人提問時，只會機械式地回答「是」、「不是」，所以很快便聊不下去**。

面對這種類型的人，大多數人的判斷都是「這個人不喜歡說話」、「跟他說話會造成他的困擾」，於是立刻停止對話，之後也避免找他聊天。然而，「不太會說話＝討厭說話」這種聯想，真的對嗎？

我也是不擅長聊天的人，但若問我討不討厭說話，我的答案是「並不討厭」。

有時，我會和初次見面的人聊一些平常不會說的話，甚至聊到欲罷不能。

什麼時候會聊得這麼盡興呢？我仔細想想後發現，**當對方的談話進入我的「話題好球帶」，像是嗜好、現在關心或感興趣的事時，如果對方也想聊這些內容，就會聊得很愉快。**

以嗜好為例，看起來再怎麼不喜歡說話的人，也會有「只要聊到釣魚就停不下來」、「每次聊到高爾夫球就聊到忘記時間」等的時候。因此，光憑短時間的接觸便判斷「他討厭說話」，實在太過武斷。換個角度來看，每個人都喜歡說話，乍看之下不喜歡說話的人，其實只是話題好球帶比較窄而已。

用開放式問題打開對方話匣

但若是不知道好球帶在哪裡，只是一味地想把話題丟入好球帶，的確很困難。找出話題好球帶的訣竅，其實就是善用剛才提過的開放式問題。

利用不能只回答「是」或「不是」的開放式問題，並且運用「何時」、「何地」、「誰」、「什麼」、「為何」、「如何」這所謂的5W1H來發問，找出對方的話題好球帶。

舉例來說，「你喜歡打高爾夫球嗎」屬於封閉式問題，對方可以只回答「喜歡」或「不喜歡」。如果對方回答「喜歡」，或許還聊得下去，如果回答「不喜歡」，對話則可能中斷。然而，也不能因為對話可能中斷，便接連不斷地問：「你看棒球嗎」、「你喜歡網球嗎」等。

所以，提問時要使用開放式問題，例如：「假日時，你通常都做些什麼」，或是「如果現在有一段自由時間，你想做什麼」等。這樣一來，不管對方的回答是什麼，都可以接續到下一個話題。

不過，不太會說話的人可能無法體會你的用心，於是很遺憾地，話題或許就不會被帶到嗜好上。

比方說，對方的回答是「假日我都在家睡覺」、「如果有一段自由時間，我想好好地睡一覺」等。此時，可以推測對方可能「睡眠時間很短」、「很累」，進而把話題帶往這個方向。然後，雙方可能會在公司或工作的話題上聊得很盡興。

利用開放式問題盡可能讓對方多說話，從中找出關鍵字，再試著鎖定話題。當然會有期待落空的時候，不過還是耐心地尋找話題好球帶吧。

現在許多人都避免說話，表示很少人能成功聊出一片天，所以只要運用談話策略，之後將獲得很好的成效。

POINT

與不太會說話或話很少的人交談時，應當用開放式問題尋找話題。

【誘導法6】遭受攻擊不要動怒，了解原因才能有效回應

於公於私，每個人都有敬而遠之的對象。和人交談時，一味地用攻擊性口吻否定對方的人，是大多數人都害怕的對象。與這種人交談不但不愉快，而且完全不能理解「為什麼他要說這麼惡劣的話」。面對語帶攻擊的人，到底該如何相處？

事實上，在談判等工作場合，不會像私下往來那麼困難，因為雙方都有「要談出結果」的共同目的。與這種對象進行交涉時，重點在於，必須清楚劃分這個人的個性與現在必須做的工作。

不需要太在意對方的語氣或遣詞用字，只要回應他的談話內容即可。交涉的經驗多了，自然不會在意表面的語氣。

為什麼對方會語帶攻擊？

真正困難的是私下往來的時候，因為私人往來不像工作交際，通常會延續比較長的時間，若一直感到害怕，實在是非常痛苦。

私下往來的標準相處方式，是要了解對方。語帶攻擊的人腦中有某些特定模式，我們必須加以理解。

首先是習慣用「非贏即輸」的二分法思考。對話時，他們即便只是隨口說說，根本沒想到輸贏，但腦海裡仍充斥著「非贏不可」、「我必須佔上風」的想法。因此，他們會不停地用言詞攻擊對方。

其次是認為社會給自己的評價低得離譜，所以用攻擊性言詞發洩不被社會認可的委屈，也就是用攻擊來滿足「其實我很重要」的感受。

換句話說，**語帶攻擊是為了滿足自尊心，也是為了隱藏脆弱的自己**。當對方語帶攻擊時，正是他想保護自己的表現。如果隨之起舞，用否定性言詞回覆，對方為了維護自尊心，將繼續加強攻勢。

不過，只要理解對方的心情，便能耐心地因應。而且，改變自己說不定可以改變對方的心。想建構良好的人際關係，突破害怕、討厭的情緒，是非常重要的關鍵。

POINT

冷靜地分析對方，就會有新發現。

【誘導法7】對長輩心懷求教的態度，對方自然侃侃而談

不擅長聊天的人往往覺得，很難與職位或地位比自己高的人閒聊。即使能與同年齡或同位階的人輕鬆交談，一碰到長輩就不知道該如何開口，而且容易過於緊張而聊不下去。

與社會地位比自己高的人聊天時，一定要了解彼此都知道這樣的上下關係，因此要以這個關係為前提，選擇談話的內容。

在長輩面前，一般人很難說個不停，對方也知道這種情況，所以先當個聽眾是基本原則。一開始，表現出「向人生道路上、工作上的大前輩請教」的態度非常重要。

這時候，必須展現自己對長輩有強烈興趣，想從他身上吸取經驗，對方自然會

開口。**尤其是成功人士大多想傳授過去的經驗給年輕人，並且提拔他們，因此會樂於分享自己的經驗給想學的人**。而且，成功人士在到達今天的地位之前，一定都有一段辛苦的過程。

以企業經營者為例，在創業、招募員工、拓展事業時，都經歷過不同的辛酸。比起自吹自擂，人們比較容易開口談論自己的失敗經驗。所以，若無其事地詢問對方一路走來的甘苦，有助於雙方展開交談。

聽完後一定要給予回饋

不過，成功人士也擅長看透人心。因此，若你抱持想討好或利用他的邪念，很容易被識破。

另外，別忘了給對方回饋。如果光聽他講古便能使他高興，當然可以只扮演聽眾就好，但如果能給予讓對方開心的回饋，他應該會說得更多。

年輕人在面對有地位的人時，能發揮的空間有限，但聽完對方的話後，還是可以試著表達自己的感想或意見，這些都是很好的回饋。或者，也可以談談自己周遭發生的事，以及現在流行什麼等等。**對於年齡、職位、地位不同的人來說，微不足道的資訊說不定相當有價值**。

與長輩聊天時，首先要對他感興趣，並且以請教的態度提問，讓對方先開口。然後，針對對方的談話適度給予回應，引出之後的話題，這就是成功的祕訣。

展現「請讓我向您學習」的態度

面對還稱不上是成功人士的公司主管時，提出以下問題很有效：

「部長在我這個階段時，有沒有什麼事讓您覺得『還好做了』？」
「部長在我這個階段時，有沒有什麼事讓您覺得『再多做一點就好了』？」
「部長在我這個階段時，對於工作有沒有什麼堅持？」

這些問題傳達以下訊息：「我想要成長，所以請讓我聽聽部長的經驗。我想向您學習。」對方應該會高興地侃侃而談。

重點在於，不要等對方開口，而要主動出擊。對方的話當中，一定有可學習的地方。想認真從這些地方學習的態度，一定能使長輩敞開胸懷。

POINT

即便自己無法掌握說話的主導權，但從某個角度來看，長輩反而是容易聊天的對象。

【誘導法8】對方滔滔不絕也無妨，表示你獲得信賴

有人問我：「工作上有很多時候必須閒聊，但是每當遇到不停講自己事情的人，我就頭痛。如何才能和這種人好好聊天呢？」

在聊天時，有些人確實總是只講自己想說的話。**即使你拋出不同話題，他們也是隨便搭個腔，然後把話題轉到自己身上**。

問我這個問題的人，算是會說話、喜歡說話的。他對自己的聊天技巧很有自信，所以與對方的對話傳接球進行得不順利時，就無法表現如常，顯得十分不安。

或者，可能只是因為與那種類型的人說話太無聊，從厭煩轉變為不滿。

商務閒聊這樣就算成功

不過，我給他的回覆是：「這樣已經是成功的閒聊，一點問題都沒有。」

本書主要針對工作場合說明聊天的技巧。這種閒聊的目的不是為了讓自己樂在其中，而是要營造現場氣氛，縮短和對方的距離，並建立良好的關係，藉此順利推動工作。

要達成這種目的，最理想的做法是讓對方盡情地說他想說的話，自己當個聽眾即可。大多數人為了達到這個狀態，必須設法搭腔並提問，甚至引導話題。

很少人會對不信任的人說自己的想法或私事。對方滔滔不絕地說出他想說的話，代表在某種程度上他喜歡並信任你。無法切入話題、說話時間很少，根本不是什麼大問題。**和這種人聊天或許很無聊，但畢竟是工作場合，也只能忍耐**。

如果你常有機會和老是說自己私事的人聊天，表示你已擁有相當高水準的閒聊能力。因此，不需要感到不安，請對自己有點信心。

若你想在聊天時談談自己的事，讓心情好一點，那就私下找一些願意聆聽的朋友。

POINT

對方總是說個不停嗎？說不定你已經是商務閒聊的高手。

【誘導法9】抓準場合和情緒，初次見面就能聊得盡興

因為工作的關係，很多人常有機會和初次見面的對象說話，但其中應該有不少人不擅長和初次見面的人聊天。

在各種談話對象當中，這是最難應付的一種。市面上有許多教人如何說話、如何傳達想法的書，都會說明和初次見面的人對話的技巧與知識。由此可知，很多人都有同樣的煩惱。

然而，這些書介紹的技巧很兩極，有些書說「進入主題前應該先閒聊，降低對方的戒心」，有些書則說「應該直接切入主題」。究竟哪一種才對？

律師經常需要和初次見面的人談話，根據我個人的經驗，找律師諮詢的人大多面臨一些問題或煩惱。**我認為，和面臨嚴重問題的人說話時，不需要閒聊，**因為就

算聊了，對方大概也心不在焉，還不如直截了當切入主題，比較容易談下去。

不過，也有先聊聊比較好的情況，就是在進入主題之前，雙方必須先建立關係的時候。透過聊天建立融洽的關係，後續比較容易溝通。

哪種情況不需要閒聊？

在商務工作中，必須建立關係的重要場合首推「跑業務」。業務員拜訪潛在顧客時，如果一開口便推銷商品，顧客應該不會有好感。

就像本章提過的，這時先聊天，營造融洽的氣氛後，再進入主題，效果會比較好。換句話說，**「如何和初次見面的人聊得盡興」這個問題，並非只有一種標準答案**。

相關書籍提供許多技巧，也是基於這個原因。不要只是捧著技巧範本照本宣科，必須根據談話對象、場合及目的，分別找出最適合的方法。這裡提供一個參考基準：當對方面臨嚴重煩惱或是緊急情況時，不需要閒聊。

POINT

初次見面的人處於什麼狀況，會影響應對的方法。

NOTE

“

用提問讚美對方，可以減少做作的感覺。

第 4 章

學金牌律師常用的 10 個不著痕跡「套供讚美法」

運用「席爾迪尼原則」，讓你一開口就受歡迎

聊天的功能或目的，是贏得對方的好感。沒有人想與討厭的人一起工作，購買商品或服務時，也很少人會跟自己討厭的人買。所以在工作場合裡，好感是非常重要的因素。

在思考什麼是好感時，可以參考美國社會心理學家羅伯特・席爾迪尼（Robert B. Cialdini）的理論。席爾迪尼在其著作《影響力：說服的六大武器，讓人在不知不覺中受擺佈》中，舉出打動人心、說服他人的六大原理：

①互惠

②社會認同

③權威
④承諾與一致
⑤喜好
⑥稀有性

這些原理都很重要，不過我在此著眼的是⑤喜好。席爾迪尼進一步探究，人為什麼會產生好感，並將原因彙整如下：

①外表的吸引力
②相似性
③讚美
④單純接觸效果
⑤同盟

這些原因提醒我們，聊天時要注意哪些事。

外表的吸引力是必要條件。與他人見面談話時，最好保持儀容整潔。各位還記得前面介紹過的麥拉賓法則嗎？既然視覺訊息對一個人的影響高達約五五％，應當好好打理自己的服裝儀容。

受人喜愛其實有原則可循

相似性原則是指，人們容易喜歡與自己相似的人。我想各位都有這種經驗：與他人聊天時，無意間發現對方和自己就讀同一所小學或國中，總會產生莫名的好感。

讚美原則是指，人們喜歡讚美自己的人。人是自尊心的組合，受到讚美時會感到高興，被看不起時則會感到生氣或難過。

單純接觸效果原則是指，人們喜歡反覆接觸的人。有句話說：「遠親不如近鄰」，比起不常見面的人，對每天都見到的人比較容易產生好感。

同盟原則是指，人們喜歡與自己喜愛的事物有連結的人。舉例來說，為什麼電視廣告的業主願意花大錢請明星代言？因為他們希望透過明星與商品的連結，讓觀眾喜歡這些商品。

運用席爾迪尼的這些心理原則，便能在聊天時贏得對方的好感。

POINT

學習席爾迪尼原則，並運用在聊天上。

1. 找出彼此的相似性，是贏得好感的第一步

相似性原則是指，人們容易喜歡與自己相似的人。換句話說，想藉由聊天贏得對方的好感，只要強調自己與對方的相似性即可。該如何強調彼此的相似性呢？步驟如下：

①假設（思考可能具有相似性的話題）。

②提問。

③找到相似性時，深入談論這個話題。

④重複①～③的步驟。

雖然要思考可能具有相似性的話題，但如果一下子就談論與個人立場相關的話題，像是宗教或政黨等，或許你已經被對方討厭，更不用說要找出相似性。因此，**一開始最好從可能有相似性、無傷大雅的話題切入**。

舉例來說，在聊天的過程中提出以下問題：

「您是哪裡人？」

「您住在哪裡？」

「您有小孩嗎？」（如果有年紀相仿的小孩，相似性原則便開始運作。）

「您的嗜好是什麼？」

「您喜歡什麼食物？」

「您有什麼喜歡或推薦的書？」

「您有什麼喜歡或推薦的電影？」

無法立即找出相似性，也不用慌張

這裡要特別注意的是，不要一直問個不停。**如果第一個問題沒有成功找到相似性，請先針對這個話題聊一下，然後提出另一個問題。**如果發現相似性，便進一步深入談論。比方說，以「喜歡吃肉」為例：

回話藝術案例4

你：「你喜歡吃肉嗎？肉有很多種吃法，像是鐵板燒、燒肉等等，你喜歡哪一種呢？」

A先生：「我喜歡燒肉！」

你：「燒肉不錯耶！那你有沒有推薦的燒肉餐廳？」

A先生：「也沒有啦，只要是燒肉我都喜歡。不過，○○苑的品質很穩定，不用怕踩到雷。」

你：「我也喜歡那家餐廳，以前我每個星期都會去。那裡不只肉好吃，連沙拉的調味都很棒！」

Ⓐ先生：「對啊，超市也有賣它的沙拉醬，不過在店裡吃，味道還是不一樣。」

你：「真的。聽你這麼一說，我突然好想再去〇〇苑喔！下次我們一起去吧？」

只要雙方擁有共同的喜好，便容易互有好感。這個話題告一段落後，再詢問其他可能具有相似性的話題，如果再次發現相似性，就深入談論。具有相似性的話題越多，越能獲得對方的好感。

POINT

人們容易喜歡與自己相似的人。

2. 說不出好話？可以用律師的「套供讚美法」

我在第3章提過，讚美原則是指人們喜歡讚美自己的人。讚美別人聽起來簡單，做起來卻很難，很多人都不擅長讚美。

其實讚美這個行為很單純，只是許多人都想得太複雜。這裡將著眼於讚美的方法，試著思考讚美的技巧。

不著痕跡的讚美，必須從很明顯的部分著手。首先是讚美對方的外表，像是衣著，這是第一階段。第二階段是讚美對方的外在條件，例如：任職公司、學歷，以及內在，像是性格。在了解對方的資訊之後，讚美才能逐步深入。

更進一步則是讚美外表與內在的落差，例如：「你看起來○○，可是其實○○耶」。雖然這種做法比直接讚美外表或內在更需要技巧，但對方聽了會很開心，覺得「你很仔細觀察我，很了解我」。

不擅長讚美的人當中，有不少人是因為擔心「感覺好像很做作」、「會不會讓對方覺得我不是真心的，反而令他感到不高興」，而猶豫不決。不過，這些擔憂幾乎都是多餘的。有時聽到別人讚美自己，的確會認為「他只是在說客套話」，但即**使有這種想法，只要不是太莫名其妙的讚美，一般人都不會覺得討厭**。

用提問間接讚美對方

要讚美別人時，最重要的是不要猶豫不決。如果各位在意自己看起來很做作，我提供一個好方法，稱為「套供」，是律師在法院質詢或溝通協商時常用的技巧。

所謂的套供，是為了引導對方說出自己想聽到的答案，故意先詢問看似無關的問題，例如：「你在喝茶時，是用右手還是左手拿茶杯？」

這麼一問，對方就會想：「我到底是用哪隻手呢？」其實，當時律師想知道的不是這件事，而是「你喝了茶」這個行為。不論你回答右手還是左手，都表示你承認自己喝了茶。

以下舉出應用這個理論的讚美方法，先試著這樣問問看：

你的眼鏡看起來好有氣質喔！我也想買這種眼鏡，請問你是在哪裡買的？可以告訴我店名嗎？

一點都不會覺得做作吧。各位應該都知道重點在哪裡。

雖然詢問的是「可以告訴我店名嗎」，但其前提隱含這樣的訊息：「你戴著很有品味的眼鏡，看起來很知性」。就對方而言明明被問的是眼鏡店的店名，但不知為何，聽了卻覺得很高興。這種問法是不是比較不會令人感到做作？

換句話說，只要你提問，對方就會思考問題的答案，他的想法將被那個問題支配。因此，**在問題的前提放入讚美，能減少做作的感覺**。

擅長讚美的人也是聊天高手，所以不要害怕讚美別人，嘗試從各種角度、運用各種方法，讚美聊天對象吧。

POINT

即使是客套話也要讚美對方，真的很難做到時，就用提問來讚美。

3. 製造頻繁接觸的機會，比任何技巧都重要

單純接觸效果原則是指，人們喜歡反覆接觸的人。想利用這個原則獲得對方的好感，就要頻繁和對方接觸並閒聊。只聊一次，氣氛便很熱絡當然很好，但短時間內頻繁交流也有助於贏得好感，效果不輸前者。

我有個朋友是超級業務員。根據他的說法，**要說服客戶簽約，持續和對方聯絡，絕對比技巧重要好幾倍**。頻繁打電話給客戶，假裝「剛好在這附近」並上門拜訪，幾次下來，對方就會放鬆戒心，比較容易成功簽約。

不需要那麼深交

在不擅長聊天的人當中，有些人可能不知道在那麼短的閒聊裡，到底要說些什

麼，怎樣才能盡早結束。不過，各位不需要擔心。舉例來說，可以用以下方式打電話約訪：

回話藝術案例5

你：「午安，最近好嗎？」

B先生：「嗯，很好。今天有什麼事嗎？」

你：「下週四我會去貴公司附近，最近都沒見到您，如果您方便的話，可以順道過去拜訪一下嗎？」

B先生：「下週四嗎？嗯，下午三點左右可以嗎？」

你：「時間剛剛好耶！那我就下週四下午三點過去拜訪。」

上門拜訪時聊聊近況，提供對方想要的資訊，接著說：「不好意思，我還要去下一家公司拜訪，今天先告辭了。我會再跟您聯絡」，然後告辭即可。

想吸引異性注意，關鍵在於製造頻繁接觸的機會，工作場合的交流其實也是同樣的道理。

POINT

在煩惱說什麼才好之前，先見到面比較重要。

4. 善用美食美景做連結，對方看到你就開心

同盟原則是指，人們喜歡和自己喜愛的事物有連結的人。也就是說，在聊天時，只要連結自己和對方喜愛的事物即可。

首先要介紹的是，將大家喜愛的事物和自己連結在一起，打造出同盟的方法。比方說，和對方一起去吃美食，一邊吃一邊開心聊天。

如此一來，**對方會把你和美食帶來的好心情連結在一起，進而對你產生好感**。一邊吃飯一邊談生意，運用的正是這種同盟原則。另外，如果去可看到浪漫夜景的地方約會，女生會將夜景帶來的浪漫氣氛與約會對象連結，並且對他產生好感，這也是同盟原則造成的效果。

由此可見，若你想獲得對方的好感，選擇在燈光美、氣氛佳的地點見面，然後

一邊享用美食一邊開心閒聊，就能順利獲得好感。

提出快樂而非有趣的話題

想利用話題創造出同盟效果，必須使對方心情愉悅，所以要盡量選擇快樂的話題。不過，**快樂的話題不一定是有趣的話題，而是對方覺得快樂的事**。

比方說，問對方「人生一路走來，你最快樂的回憶是什麼」，讓對方沉浸在快樂的回憶裡，或是問對方「若夢想可以成真，你想做什麼」，使對方愉悅地沉醉在夢想世界中，都是不錯的方法。

當對方心情愉快時，自然會對同行的你產生好感。

POINT

事先將美食或美景放入口袋名單。

5. 自吹自擂令人厭惡，位居下風讓人親近

無論怎麼運用席爾迪尼原則，如果最重要的談話內容有問題，對方想喜歡你也喜歡不起來。前面說明讚美原則時，曾提到不吝惜讚美的人能獲得別人的好感，同樣地，高高在上的人會被討厭。**特別在酒宴上，有些人會表現出一副無所不知的樣子，不停地自吹自擂**。

前幾天，我聽到一位酒吧老闆娘說：「女生最討厭男生自以為了不起，老是自吹自擂，不管女生說什麼都一副『啊，那個我知道』。女生不想和這種男生說話。」對於自以為了不起、老是自吹自擂、一副無所不知的人，連男生也不想與他們談話。

人是自尊心的組合，每個人都希望自己很優秀，深具知識、智慧及工作能力。

我能理解想把這種想法傳達給對方的心情，但是你有沒有想過，對方聽到這類自我吹噓時，真的會覺得「這個人好厲害」嗎？假如對方的想法是「這個人真會吹牛，或許他的工作能力不錯，但就人品來看，實在是不怎麼樣」，那就好笑了。

聊天會透露人品

我們的自尊心固然重要，但千萬不能忘記，聊天對象也有自尊心，而且對方最重視他的自尊心。如果了解這一點，便知道越自以為了不起，越自吹自擂，就越讓對方感到不舒服。這是理所當然的事。

運用談話策略時，必須使對方心情愉悅，務必抱持「抬舉對方、讓自己位居下風」的想法。與其自我吹噓，不如談論自己的失敗經驗，使現場氣氛熱絡，比較容易贏得對方的好感。

前一陣子我旅行時，因為很累，便直接仰頭倒在床上，雙腳打開成大字型，沒想到牛仔褲的屁股部分竟然「嘶」地一聲裂開了。我因為沒有其他長褲可以替換，只好把手放在屁股後面遮掩，然後扭扭捏捏地走回來，好像鴨子走路的樣子。從此以後，朋友就叫我「鴨子」了。

要抬舉對方、貶低自己，說起來容易，做起來卻很困難。特別是還不習慣的人，必須犧牲自己的自尊心。

這算是在測試一個人的肚量。聊天會反映一個人的生活和思考方式，提升閒聊能力等同提升自己的人格魅力。

POINT

抬舉對方，讓自己位居下風，是進行商務閒聊的基本策略。

6. 懂得突顯落差，必能增添談話趣味

光靠自嘲，有時不容易炒熱氣氛。上一節建議各位談論自己的失敗經驗，而我舉的例子正好是有趣的內容，所以能炒熱氣氛。若只是單純的自嘲，其實很難使對方產生好感，或是讓氣氛熱絡起來。

說話風趣的人周圍總會聚集人潮。不論是交友或談戀愛，這種特質都非常有幫助，而有趣的話題也能使工作進展更順利。

我不覺得自己說話風趣，但對於什麼樣的話題會令人覺得有趣，我倒是十分感興趣。

有趣其實包含許多要素，像笑話般引人發笑的話題當然有趣，但給予知性刺激，引起對方興趣的話題也很有趣。這兩者的差異，或許可以用英語的「Funny」

和「Interesting」來說明。

「Funny」是指引人發笑。這種話題的特徵是「有落差」，只要在話語中製造落差，便可以使人不禁失笑。製造落差的手法五花八門，我將其統稱為「落差型手法」。

首先是用失敗經驗貶低自己，間接抬舉對方。上一節提過這種手法：在自己和對方之間製造落差，逗對方笑。看看以下這個例子：

我幾乎不看電影，前陣子我才知道，Nicolas Cage（尼可拉斯．凱吉）原來是明星的名字。過去，我一直以為那是「Nicolas KEIJI」（尼可拉斯刑事），認為是像《神探可倫坡》一樣的偵探電影，實在是很丟臉！

用故事型手法說有趣的話

另一種手法稱為「故事型手法」，也就是自己說故事，並為故事創造意外的結局。透過一般日常的故事發展和意外結局的落差，讓人不禁失笑。我舉一個例子：

回話藝術案例6

前幾天我和兩個同事去歌舞伎町喝酒，其中一個人突然說：「我超想吃炒飯。」我和另一個人都想吃拉麵，因此我們說：「找一家有賣炒飯（Cha Han）的拉麵店吧」，然後開始尋找這樣的店。但好死不死，一直沒找到。找了老半天，終於在一家店的餐券販賣機看到「Cha飯」這個品項，我們都樂壞了。於是，他點「Cha飯」，其他人則點拉麵。

好不容易等到餐點送上來，我們怎麼看都覺得那不是炒飯，看起來就是白飯上放了豬肉而已。於是，我們問店員：「這不是炒飯吧？」店員回答：「對啊，這不是炒飯，這是Cha Meshi（Cha飯）。」原來「Cha飯」不是炒飯，而是叉燒（Cha Shu）飯。

那位同事超想吃炒飯，還為此在歌舞伎町走了老半天，結果只能吃到叉燒飯，所以吃得心不甘情不願，還一邊碎念，我和另一個人在旁邊都快笑破肚皮了。由此可見，即便兩個單字長得很像，也要小心啊！

當然不是每個人都擅長說故事，但不必擔心，有一種手法不需要自己把故事從頭到尾說完，那就是「吐槽型手法」。**吐槽型手法是指當對方說話時，順著他說的話一針見血地吐槽，藉此創造意外的結局**。換句話說，就是利用吐槽的意外性來製造落差。

使用吐槽型手法，必須靈活回應對方說的話，就像相聲或實境秀，不需要自己特意編故事，也能達到有趣的效果。其實，我覺得自己屬於吐槽型的人。

換個角度說新資訊

接下來看看「Interesting」。這種有趣是在教導對方不知道的事情時產生，比方說，不同領域專家提供的最新資訊聽起來就很有趣。

平常便接觸新資訊的人，或許可以說出這種內容，但不是每個人都從事經常接觸新知的工作，或身處在這種環境裡。**此時換個角度，從對方沒想過的觀點來分析已知資訊，便是很有效的做法**。這種方法也有提供新資訊的效果。

我在YouTube上有個節目，叫做「律師谷原誠的律師眼」，內容是用法律觀點來評論最新的新聞。新聞本身因為媒體的報導，早就為人所知，因此我用自己的專業法律觀點來分析這些新聞，提供新的資訊。

想成為說話風趣的人，我建議各位先釐清自己想的是哪一種有趣，然後思考有沒有符合這種類型的說話方式，可以達到這樣的效果。

POINT

思考自己想成為哪種說話風趣的人。

7. 用「異同手法」偏離重點，創造歡樂氣氛

玩笑話也是一種有趣的話。開個幽默的玩笑，不但能緩和現場氣氛，同時會讓對方覺得你很聰明。希望各位在進行商務閒聊前，務必學會這個技巧。

很多笑話都運用「異同」的手法。所謂的異同，是指將不同種類的事物視為同類，或是在同類事物中找出不同性質，將它們視為不同種類。

在此引用《詭辯的話術》（阿刀田高著）的一則笑話為例：

某個男人問船夫：「你的祖父和父親不是都死於船難嗎？」

船夫說：「是啊。」

「你還敢當船夫？」

「你家有榻榻米吧？」

「對啊。」

「你的祖父和父親不是也都死在榻榻米上嗎？」

提問者之所以這麼問，意思是：「你的祖父和父親都死於船難，你明知道當船夫有死亡的風險，竟然還敢從事這一行？」然而，船夫卻反駁說：「如果有人在哪裡死掉，就不能去那裡，那麼大家最終都會死在榻榻米上，表示榻榻米太危險，不能上去嗎？」

故意偏離對話重點

這種手法又稱為「同類與異類的玩笑話」。提問者以船夫這種危險職業作為問題，結果船夫卻把問題轉移到「不論在船上還是榻榻米上」，變成地點的問題。換句話說，就是把船和榻榻米變成同一種東西。提問者和船夫的論點差異，正是笑點所在。

這個玩笑話會形成，是因為其中一方故意偏離對話重點。

再舉個例子。老師罵某位學生：

你和A同年，所以你要像A一樣每天寫功課。這你做得到吧？

結果，學生回嘴：

老師你也和孫正義同年，所以你也可以經營大公司，累積龐大資產囉？

老師的意思是「到了這個年紀，至少可以做到這種事」，用一般標準來比較學生，但學生卻舉出孫正義這位異常優秀的企業家，也就是所謂的異類，作為比較基準。

這類使用異同手法的玩笑話不僅容易理解，通常也不需要特殊知識，因此可以用在絕大多數人身上。各位要不要也用這種方法編個玩笑話呢？

POINT

說玩笑話的訣竅在於，偏離對話重點。

8. 提出不同意見時，「對了」、「再加上」很管用

想要以不傷害對方為前提，主張自己的意見時，有一種方法是「YES－BUT法」：當對方說出他的意見時，先認同對方以避免衝突，然後說出自己的看法，如此一來，他比較不會生氣。

「確實如此（YES），不過（BUT）……。」這樣的說法就是「YES－BUT法」，但真的有效嗎？

舉例來說，你與主管之間有以下對話：

主管：「這項商品鎖定五十多歲的客群，應該很好賣吧。」

你：「確實如此。鎖定五十多歲的客群也不錯。不過，以二十多歲的消費者為

客群，會不會更好呢？因為……。」

你這樣說，主管真的不會生氣嗎？他在你說出「不過」時，可能已表現出防衛的態度。

原則上，一般人表達自己的意見後，在對方說出「不過」、「可是」的瞬間，會覺得自己被反駁，於是產生防備心。因此，不要用「不過」、「可是」來反駁，比較不會使對方生氣。

「對了」、「加上」比「不過」更管用

其實，你可以這樣說：

對了，這項商品會讓人想起過去往好的年代，很適合五十多歲的消費者。此外，加上二十多歲的消費者作為客群，您覺得如何？我這麼說是因為……。

如果你這樣說，主管就不會生氣。那麼，這樣說就能讓對方把你的意見聽進去嗎？

當然有方法可以使對方聽取你的意見，但沒有必要這麼做，因為討論的目的是了解「這項商品應該鎖定哪個客群，才能賣得更好」，而不是說服對方採納你的意見。**千萬不要自尊心作祟，而忘記討論的目的**。

你剛才的發言已足以讓對方知道：「客群可以是五十多歲的人，也可以是二十多歲的人。」在這個前提下，到底是要同時鎖定兩者，還是只鎖定其中之一，下次再討論即可。

POINT

少用「不過」、「可是」，要用「對了」、「加上」，避免正面衝突。

9. 即使反對他人主張，也要以YES來表達NO

聊天的關鍵在於，雙方要聊得開心盡興，因此必須避免在對方發言後，直接對他說「NO」。

在開會或協商時，因為參與者的意見或利害關係對立，總會有必須說「NO」的時候。不過，**聊天的基本原則是肯定對方，所以對話的發展通常是「YES！YES！YES！」**。

如果你在對方說完後，馬上回應「不是這樣」、「你弄錯了」，對方一定會不開心，並且從你面前離開。聊天時經常運用共鳴，說「對啊」、「嗯，我懂」、「我也這麼覺得」，才能讓對話持續。

一般人只要聽到「NO」，就覺得自己被拒絕，即使原本聊得很開心，也會覺得自尊心受損，無法再聊下去。如此一來，無法達到拉近彼此距離的目的。

聊天是有共鳴的溝通，不需要對立的意見。有些話題或許會讓人很想說「NO」，但是必須壓抑這種情緒。

就算想法南轅北轍，也要採取「YES」的態度

話雖如此，偶爾還是會有讓人難以肯定的話題。比方說，當聊天對象開始表明自己的政治立場時，像是提出「我反對〇〇法」、「〇〇黨實在有夠離譜」等話題。

基本上，政治話題是聊天的禁忌。因為當意見相左時，無法達到聊天原本的目的，所以要避免主動提出這種話題。但令人感到意外的是，很多人喜歡在閒聊時談論自己的政治主張，因此我們至少要知道該如何應付這種人。

若這個話題很快會結束，或是對對方的意見不置可否時，只要簡單地附和說「原來如此」即可。最困擾的是，對方的想法和自己南轅北轍，而且還講個不停。即便理智上知道聊天時要肯定對方，但情感上很難做到。

即使如此，不要輕易說出「NO」比較好。政治話題最容易造成情感對立，一旦說出否定的話，很可能產生反效果。聊天的基本原則就是「YES！YES！YES！」

不說「NO」，也不表示同意

我建議的做法是，口頭上說「YES」，但不表示同意。當對方開始發表政治主張時，你根據第三方的見解提問：

「原來如此。或許有人反對，你怎麼看呢？」
「我想你也聽說了，這時候該怎麼辦？」

要特別注意的是，不要針對對方的發言，說出「不過」、「可是」這類否定詞。提問時，必須以YES為主軸，讓對話發展下去。

你向對方提出問題，他就會想要回答。之後，只要順著對方的話，陪他演一場戲即可。只要政治話題沒得說了，自然會轉移到其他話題上。

聊天時偶爾會出現這樣的難題，此時的應對關鍵是不要否定對方，也不要露出不耐的神色。要做出這樣的應對，多少得靠經驗累積，只要不慌不忙地回應，一定可以聊得盡興。

POINT

不論對方說什麼，都用「YES」回應，不要直接說「NO」或面露難色。

10. 用「YES＋共鳴」回覆對方，好感再加倍

聊天的基本原則，是用「YES」來回應對方的發言。不過，單單只回覆「YES」，很難使對話持續下去。

比方說，當對方說「這次我換到出版社工作」時，如果你只回答「是喔」，就聊不下去了。但也不能因為這樣，便直言不諱。我舉個例子：

回話藝術案例7

A先生：「這次我換到出版社工作。」

你：「咦？現在出版業不是夕陽產業嗎？」

A先生：「不過，我們公司在業界是很賺錢的公司喔！」

你：「說是這樣說啦，大家花在網路和手機上的時間越來越多，現在雖然賺錢，遲早也會走下坡吧。」

Ⓐ先生：「我想應該不會啦，因為這家公司的死忠讀者還不少。」

你：「真的嗎？聽說出版社的工時非常長，都是黑心企業。我才不去呢！薪水好嗎？」

Ⓐ先生：「比之前的公司少一點，但我覺得是很有意義的工作。」

你：「薪水變少、必須長時間工作，又是夕陽產業，你竟然願意跳槽到這種地方。我看你很快又要換工作了吧。」

如果你這樣說，A先生應該永遠都不想再與你對話，**因為你否定A先生的所有發言，他一定很不開心**。

A先生可說是比較好聊的人。否則，當你說出「不是夕陽產業嗎」這句話時，就算被罵也只能怪你自己，因為這樣說完全沒有談話策略。

共鳴孕育出對你的好感

想贏得對方的好感，除了說「YES」之外，共鳴也很重要。看看以下這個例子：

回話藝術案例8

A先生：「這次我換到出版社工作。」

你：「真的嗎？恭喜恭喜！請問是什麼樣的公司呢？」

A先生：「這家公司出版政經類書籍，主要以中年以上的男性為客群。」

你：「不錯耶，感覺很適合你。這和你之前的公司是完全不同的領域，你原本就對這個行業很有興趣嗎？」

A先生：「是啊，我一直很想進出版業工作，雖然薪水比之前少一點。」

你：「你不需要在意薪水啦！能從事自己喜歡的工作最幸福了。真是令人羨慕呢！」

A先生：「唉唷，也沒那麼好啦！」

因為你完全沒有否定對方的發言，不僅表示贊同，還讚美他，對方一定非常開心。他應該會對你產生好感，想再跟你聊天。

POINT

用「YES＋共鳴」來回應對方的發言。

“

先辨別談話對象的類型，再決定是否從結論說起。

第 5 章

學知名主持人常用的 9 個「掌控對話走向技巧」

談天氣很無聊？錯！日常生活是最保險的話題

「天氣真的變熱（冷）了耶！」
「聽說今天下午會下雨。」

天氣最常被當作閒聊話題。不論古今中外，天氣都是聊天時的共通話題。為什麼天氣的話題如此受到重視？其實，這當中隱含重要的聊天技巧。**適當的閒聊話題，是指對方能夠參與，而且對你說的話產生共鳴**。毫無疑問地，現在站在你面前的人，和你對天氣有同樣的感受，因此天氣是任何人都能參與的話題。

此外，幾乎所有人都不喜歡下雨天，衣服、包包、鞋子等會被淋得溼答答，所以對天氣的感受，很可能得到對方的共鳴。

常聽人說：「英國人老是聊天氣。」因為英國氣候多變，所以不缺天氣的話題。日本四季分明，環境也適合孕育天氣的話題，因此這種話題出現的頻率和英國不相上下。

閒聊話題必須符合這樣的條件：任何人都能參與並產生共鳴。由此可知，和初次見面的人聊天時，應避免什麼樣的話題。

比方說，初次見面時應避免談論政治或宗教，因為每個人都有不同的政治主張或信仰，不是所有人都能參與討論並產生共鳴。

線索就在日常生活裡

除了天氣以外，是否還有其他符合條件的閒聊話題？

以前我在辦公大樓林立的地區坐計程車時，好幾次都碰到計程車司機跟我聊棒球。也許有人對棒球不感興趣，但對男性上班族來說，棒球和天氣一樣，是容易參與的話題。如果在關西地區，司機可能主動開口說：「阪神贏球了耶」，因為他確信阪神隊贏球的喜悅，可以使乘客產生共鳴。然而，現在這種方式已經不管用。雖然棒球還是很受歡迎，卻不再像天氣一樣，是很多人共通的話題。

在興趣和價值觀越來越多元的時代，要找到和天氣一樣的共通話題並不容易。因此，若能找到對方也有共鳴的話題，便可瞬間縮短彼此的距離。

日常生活中的事物，就是最簡單的話題來源。映入眼簾的奇特建築、圖畫、擺設、氣味、聲音等，只要是雙方都體驗到的、可以產生共鳴的事物，都很適合作為閒聊話題。

有些人適合聊運動，如果是在ＩＴ產業工作的人，則適合聊３Ｃ產品的上市日期。即使是一般人幾乎接觸不到的狂熱話題，也可能讓你們聊得很開心。

此外，若能根據雙方的關係，找出其他共通話題，閒聊一定會成功。所以，盡可能調查對方的事，仔細觀察後，試著找出他們能參與並產生共鳴的話題吧。

POINT

聊聊你們之間才有的共通話題，能使關係變得更緊密。

1. 利用聯想法串連話題，對話絕不冷場

很多人說自己「不擅長聊天」，真正的意思是「聊不下去」、「沒有話題」。一旦話題中斷，現場就陷入尷尬的沉默。

若是有主題的對話，例如會議等，經過反覆探討，談話內容將變得越來越具體，逐漸形成結論。隨著時間經過，有時會出現一段很長的沉默，不過這段時間是很重要的。在協商時，也有刻意保持沉默的策略。

此外，如果雙方的關係夠緊密，沉默不是非避免不可的狀況。「不用說也知道」的心領神會，反而令人感到愉快。

但是，**就商務閒聊而言，沉默等同失敗**。當一個話題已經沒什麼好聊，就要轉換話題，此時必須具備聯想的能力。

舉例來說，你提出「今天天氣好熱」的話題。然後**從這裡開始，由可成為小主題的單字聯想到下一個話題，比方說：「熱↓清涼商務↓冷氣溫度↓節電↓經費↓最近的經營狀況」，再丟出去給對方，對話就能順暢地展開。**（編註：清涼商務〔Cool Biz〕，是指二〇〇五年夏天開始，由日本環境省推行的衣物輕便化運動，像是將西裝換成換成透氣的 Polo 衫，以便調高辦公室的空調溫度，減少能源消耗。）

為了培養這種聯想力，平時訓練單字聯想，或是先在腦海中描繪「話題發展流程圖」，都是很有效的做法。

聊天時不一定會依照你描繪的流程圖發展。萬一發展超出想像，必須從對方說的話中找出一個單字，再進行聯想。像這樣使閒聊流程圖增加分支，應對能力便隨著提升。

如果某個話題炒熱現場氣氛，對方願意與你多聊聊，當然很好。若變成這種狀況，你當個聽眾即可。事實上，單字聯想只是一種找出關鍵字，讓對方容易開口的方法。

聊天的聯想，效果和報紙一樣

所謂的聊天，是指不著邊際的交談，與流程、訓練似乎扯不上關係。若是私底下無意識的閒聊，確實不需要做這些準備，但在商務場合，聊天非常重要。要在工作中運用閒聊，有適當的心理準備不是更好嗎？

事實上，如果不是為了工作，很多人根本不想看報紙。這些人每天看報，是因為不看報就無法在聊天時理解別人說的話。**聯想在聊天時扮演的角色也是如此。想讓商務閒聊順利進行，聯想是必要技巧**。

工作時需要聊天的職業，例如業務員等，不論有意無意，為了達到目的（說明商品或使客戶簽約），都有一套聊天模式。若各位還沒有建立這套模式，請將聊天加入話術腳本，並多加訓練。

要鍛鍊聯想力，在實際談話的過程中反覆調整。你對流程越熟練，聊天的氣氛就越好，更容易達成目的，創造出自己的必勝模式。

特別是對業務員來說，名片是有力武器。上一節曾說明，日常生活中的事物可以作為共通話題。

在大多數的工作場合裡，都由交換名片揭開序幕。請各位將這一點記在心裡，詳情留待下一節再做說明。

POINT

聯想是炒熱商務閒聊的關鍵。

2. 事先擬定腳本，交換名片讓談話更熱絡

業務員與初次見面的人交談，通常都是用交換名片來開場。大多數情況是一邊說「初次見面，我是××公司的○○」，一邊交換名片，然後開始閒聊或商談。

因此，要事先準備名片相關的閒聊話題，也就是所謂的「名片閒聊腳本」，萬一無法順利找到話題，就可以派上用場。

名片上記載著各種資訊，除了姓名，還有公司的名稱、地址、標誌，以及分店、部門、職稱，有的名片上甚至刊載公司標語或職務內容。運用這些資訊便能開始聊天，請看以下例子：

回話藝術案例9

「請問您的名字該怎麼唸呢？」
「〇〇。」
「這麼說，您是××人囉？」
「你怎麼知道？高中畢業前，我一直住在××，上大學後才搬來這裡。」
「原來如此。去年我曾經去××出差，最近政府好像正大力開發站前地區，不知是否和過去有很大的差異？」
「對啊，不過我還住在那裡時……。」

像這樣進行對話，便能聊得很起勁。若**對方的姓氏很特殊，光是這一點就是可以聊的話題**。

此外，像我們這種專業人士，也可用職業當作閒聊話題。順利的話，還能在閒聊中讚美對方。舉個例子：

回話藝術案例10

「請問您的專長是哪個領域？」

「我負責企業的勞工問題。」

「說到勞工問題，我看到報導說，最近這種問題越來越多，您的實際感受又是如何？」

「是啊，因為現在網路上什麼都查得到，勞工的權利意識也跟著提升，再加上律師事務所的廣告很多，勞工越來越容易接觸到律師，所以比較容易出現糾紛。」

「看來這種問題今後只會越來越多。律師您不就成為各大企業爭相拉攏的對象？」

「哪裡哪裡，沒這麼誇張啦！」

由名片衍生出話題

為了在交換名片時，能立刻利用名片上的內容開始閒聊，請先想好幾個腳本，並將它們牢記在心。以下是一些可以參考的範例：

「請問您的名字該怎麼唸呢？」
「請問您的工作內容是什麼？」
「請問您的專長是什麼？」
「請問貴公司名稱有什麼涵義嗎？」
「請問這個公司標誌代表什麼意思？」
「請問貴公司離哪個車站最近？」

事先準備幾個這樣的閒聊腳本，當找不到其他話題，不知如何是好時，便能立即依此製造出話題，讓自己感到放心。

POINT

拿到名片後，不可以馬上收起來。

3. 學相聲開場白來暖場，推銷也能輕鬆切入主題

與人談話時，一般不會直接切入主題，而是先閒聊一下，因為聊天可以產生「順利進入主題」的效果。相聲演員是最擅長運用這種功能的人。

相聲的主題稱為劇目，也就是所謂的故事，而演員演出的目的是讓觀眾聽到故事。但是，**幾乎所有相聲演員，都不會一開場就進入故事內容，而是先來一段開場白**。

開場白的內容五花八門，有時為了增進聽眾對故事的理解，會介紹與故事內容有關的過往風俗，有時可能談論與故事完全無關的時事話題，或是演員最近體驗的趣事，甚至是相聲劇場所在地的相關話題。

某位相聲演員曾表示，這些開場白的內容不一定是事先決定，因為演員會視觀

眾的年齡層、樣貌等，調整開場白的內容、語調及長度等，並且計算切入主題的最佳時機。

表演是在單口相聲，還是雙口相聲、魔術等綜藝表演之後進行，也會影響開場白的安排。此外，前段表演是否受到歡迎，會使現場氣氛截然不同。如果前段表演使用很熱鬧的音樂，現場可能還是吵吵嚷嚷，如果前段表演的故事一點都不受歡迎，可能陷入冷場的局面。

相聲演員為了讓觀眾從前段表演營造的世界，或是他們的日常生活，自然地進入相聲的故事，可說是費盡苦心。出色的相聲演員往往安排得極為巧妙，讓觀眾感覺：「咦？剛才還在聽閒話笑得很開心，怎麼劇目不知不覺就開始了？」

相聲教我們的聊天藝術

在工作場合，適當運用開場白也很重要。比方說，業務員推銷商品時，一開口便進入主題：「這個商品的優點是……」，對方會立刻產生戒心。因此，**先以聊天作為開場白，建立彼此的關係，然後看準對方聆聽的時機，自然地切入商品說明，**

效果會更好。

不過，也有草草結束閒聊，快點進入主題比較好的情況，例如：對方已準備好要談論主題，而且興致高昂，如果聊得太久，反而讓他等得不耐煩。這就是所謂「已經暖身」的顧客。

希望各位都能像相聲演員一樣，學會觀察對方的神情，掌握進入主題的時機。

很多人聽到「在聊天時活用藝人的技巧」，以為是要模仿藝人搞笑的橋段，其實我們應當學的不只如此。

相聲表演的開場白經過數百年的淬鍊，才達到今天的境界。下次各位聽相聲時，請務必仔細觀察。

POINT

聊天具有暖場的作用。

4. 像查稅員套話，讓對方不知不覺吐露祕密

聊天最大的功效是問出重要資訊。有時，當對方放鬆心情閒聊，才能看出他真正的想法和希望，或是原本不打算與人分享的事。

有一種職業將這種技巧巧妙地運用在工作上，那就是稅務署的查稅員。在進行稅務調查時，查稅員會到公司或經營者家裡拜訪，和調查對象聊天。**此時，談話內容可能是企業經營、嗜好、家庭等話題，乍聽之下似乎不著邊際，但其中隱藏著陷阱。**

法人稅等稅金，是針對營收扣除經費後所剩的獲利（所得）來課徵。查稅員的目的之一，就是要找出「有沒有漏報營收」、「有沒有虛增經費」等事實。

公司負責人當然知道查稅員的來意，所以查稅員如果在聊天時立刻問「最近公

司賺錢嗎」，一定馬上被看破手腳，公司負責人也會產生戒心。因此，**查稅員通常會從更貼近生活的話題切入**。

舉例來說，查稅員若是在社長的辦公室或家裡，看到高爾夫球具，便詢問社長：「您有打高爾夫球啊？我也很喜歡打呢」，接著用一般人會問的問題，例如：「您的成績是幾桿」、「您去哪個球場打球」等，營造輕鬆的氛圍，然後展開以下的談話：

查稅員：「您和客戶應酬時，也常打高爾夫球嗎？真的很辛苦耶！」

社長：「沒有啦，因為最近打高爾夫球的人變少了，都是和朋友私下相約去打的。」

這段對話隱含重要資訊。查稅員先在這裡試探，社長有沒有把私人的高爾夫費用認列為公司經費，如果找到相關收據，就提出以下問題：

咦？您剛才說都是和朋友私下相約去打高爾夫球，但公司經費裡有高爾夫球的收據，這樣不是很奇怪嗎？

對查稅員來說，聊天是工作的一部分。他們在身經百戰後，磨練出上述的聊天技巧，讓調查對象不自覺地洩露重要資訊。

從感性交流建立理性邏輯

利用聊天來問話，是律師經常使用的手法。當委託人前來求助時，律師必須問出事實關係，整理出法律爭執點，以及對他們有利與不利的事實。

不過，成為法律爭執點的關鍵，往往與委託人想說的不同。而且，他們即便面對委任律師，也不想說出對自己不利的事。如果後來出現律師不知道的事實，好不容易建立的邏輯和策略將全部瓦解。

所以，在輕鬆愉快的氛圍裡，使委託人說出與案件有關的外圍話題，有時會讓法律上的關鍵點浮現。等他們說出律師在意的話，再針對核心重點提問，就能問出詳細的事實關係。

閒聊是感性交流，而工作談話則是理性交流。這兩者原本應該嚴加區分，不可混為一談，但是想建構理性邏輯就必須掌握資訊。要找出這些資訊，透過聊天進行感性交流會很有幫助。

POINT

聊天隱含重要資訊。

5. 當對方自說自話時，活用魔法詞彙轉移話題

各位身邊是不是有很長舌的人？其實這種人並不少見。明明大家在談論特定話題，不知何時，他把話題轉到別的方向，而且滔滔不絕地說些與主題無關的話。**如果和這種人私下一起去喝酒，姑且當個聽眾，但在工作場合裡碰到他們，實在很難應付。**

舉例來說，與主管開業務會議時，已經沒有時間了，想早點著手處理，但他不停地自吹自擂或是抱怨工作，一直不肯放你離開。或者在商談中，明明雙方還沒有達成共識，對方卻開始談業務細節或是聊題外話，遲遲無法談論真正在意與錢相關的話題。

到後來，聽的人只想著「要怎麼把話題轉回來」，根本心不在焉。當這種和主

題無關的對話一直持續，該如何是好？

在對方換氣瞬間用肯定詞連接

想改變話題時，必須由我方主動插入「對了」之類的語氣轉換詞。問題在於切入的時機。

插話最基本的時機，是「換氣」的時候。在換氣的瞬間，對話一定會中斷，因為對方會空出時間思考下一句話。我們要看準這個時機，切入自己想說的話。不過不論是誰，對於話被打斷都會感受到壓力。因此，我方改變話題後，對方或許會附和「對，就是這樣」，但也有可能感到生氣。為了避免讓對方不愉快，該如何轉換話題呢？

關鍵在於，要想出即便轉移話題，也不會使對方覺得被打斷的遣詞用字。換句話說，就是要一邊引用並接續對方說的話，一邊把話題轉到其他方向。

在換氣的瞬間，不要直接用「對了」來改變話題，而要用肯定詞，例如：「真了不起」、「我學到很多」、「原來如此」等來插話。先用這些詞彙作為緩衝，然後不要換氣，緊接著搭起轉換話題的橋樑。

以和主管開會為例，可以用接續談話的方式，切入和業務相關的問題：「真了不起。對了，剛才您有提到這件事，請問這種情況該怎麼做比較好？」

①趁對方換氣時切入。

②切入時，要使用肯定詞。

③在肯定詞之後，不要換氣，立刻提問。

④問題要符合談話走向。

如果主管針對你的問題提出指示，當然可以回答「我知道了」，然後著手進行，但有時也會遇到這種情況：主管沒有針對問題仔細回答，又把話題轉回剛才的內容。此時，再次聽對方說話，先有個緩衝後再提問。

這種做法的前提是，要仔細聽對方說話。即便這對自己無關緊要，若一副愛聽不聽的樣子，一心只想講自己想說的話，就會打斷對方講得很開心的話題。

重點在於，配合當時的狀況，找出最適合插話的時機，自然地把話題拉回來。

POINT

掌握談話走向並加以肯定後，再改變話題。

6. 從這些事找出雙方共同經驗，避免無言以對

聊天是利用輕鬆的對話交流，縮短人與人的距離，並且建立良好關係。前面說明聯想時也提過，當我們期待聊天發揮這種功能時，沉默可能是最大的敵人。

很多人都有這種經驗：明明覺得必須提出話題，卻遲遲找不到適合的，於是現場氣氛變得很尷尬。有時為了避免沉默，有些人勉強提問，結果有的問題很難回答或是太過私人，反而造成對方的困擾。

如果對話時陷入沉默，可以運用過去的話題，找出與對方的共同體驗。比方說，如果對方是同事，可以拋出這樣的話題：「說到這裡，那時候的客戶後來怎麼樣了」，對方能立刻理解你的提問意圖，順暢地回答。

談論過去的話題，好處是話題不一定要和現況有關。只要說「談到這裡，我突

然想到……」，即便話題很唐突，也不會顯得不自然。

若這個過去的話題伴隨著某種情緒，效果更好：

「那時真的好有趣！」

「上次真的令人很生氣。」

聊天最主要的目的是共享情緒。提出這樣的話題，就會一起回想過去發生的事和當時的情緒，很自然地讓氣氛熱絡起來。

除了過去的經驗，「附近」也很容易成為話題，簡單地說，便是聊聊附近的事物，例如：對方服裝和髮型的變化，甚至是房間內的擺設等，這些都是現在對方和自己同時看到、體驗到的事。

因此，這也是容易產生共鳴的話題，不太會踩到雷。如果相處時間還不是很長，沒什麼值得提出的共同體驗，便建議你使用這類話題。

最理想的關係，不需要在意沉默

前面說明避免沉默的技巧，但如果彼此的關係很好，像是夫妻、情侶或知心好友等，沉默其實是很常見的狀況。而且，即便沉默一段時間，也不會太在意。

不需要在意沉默，是最棒的信賴關係。為了避免沉默，設法使閒聊持續下去，就某種程度來說，也算是在建立「即便沉默也無須在意的關係」。**想測試與對方的心理距離，最好的方法就是刻意保持沉默**。如果沉默幾分鐘後變得坐立難安，表示雙方尚未拉近距離。

就像一開頭提到的，聊天的目的是與對方建立良好關係，而良好關係不會因為沉默而感到痛苦。從這個角度來看，聊天的最終目標說不定就是沉默。

POINT

以建立「即便沉默也不覺得尷尬的關係」為目標。

7. 遇到不懂的話題，向對方請教會讓對話更順暢

讓對方說得開心，是閒聊成功的捷徑。必須適時搭腔，使對方覺得你是個好聽眾。然而，**你明明對對方的談話內容一無所知，他卻一副「你也知道吧」的態度，或是開始說些你完全無法理解的話，令人感到非常困擾。**

以我的狀況來看，這就像是我在聊天時，不小心使用艱深的法律術語。比方說，我不小心說出「那符合詐欺行為取消權的要件，所以……」，在法律界是常識，但對其他業界的人來說，根本是完全無法理解的話。

此外，在聊天時，常出現我不知道的地名或人名。尤其是與長輩談話時，經常因為代溝，而發生對方認為我一定知道，但實際上我根本不知道的事。

這時候，雖然我覺得很傷腦筋，但是提問會打斷對方，因此通常會用「是

啊」、「就是說啊」之類的話搭腔，來應付那個場面。

如果那個話題很快結束，當然不會有問題，可是有時卻出乎意料地長，而且還以雙方都理解為前提，不斷地發展下去。**如此一來，聽的人只會越來越不愉快，無法做出適當的回應，導致對話不能順利進行**。

那麼，當對方談論自己不懂的話題時，究竟該如何因應？

以話題是否為對話本意來判斷

以我為例，在出現我不太理解的用語或話題時，我會設法判斷這些內容是不是對話的本意，或者只是其他話題的開端。

若判斷這些內容是對話的本意時，即便對話進行到一半，也必須問清楚才行。就算這麼做會打斷對方，也絕對不是失禮的行為。相反地，**還有可能因為提出問題，反而讓之後的對話更順利發展。向對方請教，也是使對話變得熱絡的技巧**。特別是談話對象是長輩或主管時，很多時候，提問反而可以讓他們說得更高興。

當不能理解的話並非對話的本意，聽過之後自然會進入其他話題時，那聽聽就算了。重點在於，讓談話順利進行，不一定要理解對方說的所有內容。

不過，要做出這樣的判斷並不容易。有時也會遇到雖然偏離本意，但後來才發現這個話題很重要的情況。如果聽過之後發現「糟了」，要盡早提問：「對了，我剛才沒有機會問……。」

這種做法雖然會擾亂談話的順序，而且剛才已經搭過腔的話，又提出來問好像有點矛盾，不過在閒聊時，對方不會在意這樣的態度。當然，若是在會議或商談的場合，那就另當別論。

想想之後的發展，盡早提問是比較好的選擇。

POINT

到了無法聽聽就算的階段，還是問清楚比較好。

8. 辨別對方是否情緒發言，再決定以感性或理性來回話

我想請問男生，你們是否曾被妻子或女朋友問過「工作和家庭（我）哪個比較重要」？

聽說最近女生也經常被這麼問，不論古今中外，這個問題已經不知道被問過多少次，可說是男女之間的經典問題。而且，每當男生被這樣問時，大多都是吞吞吐吐、語無倫次的樣子。也有很多男生生氣地回答：「這兩者怎麼能拿來比較」，結果便吵起來了。有鑑於此，這一節要跟各位談談「情緒話」和「理性話」。

為什麼在面對上述問題時，男生會不知道該如何回答呢？這是因為工作和家庭，本來就屬於不同層面，無從比較起。男生以邏輯思考得到的答案，如：「兩者都很重要，這還用說嗎」、「完全不同的東西要怎麼比較」，太過正經，讓女生無

法接受。

此時男生應該思考的是，為什麼女生會提出這樣的問題。其實，她們根本不是要比較工作和家庭，或是深入探討這兩者。

工作場合的感性和理性對立

說到底，這個問題背後隱含的情緒是：「為什麼你不能多陪我一點」、「為什麼你不能更重視家庭一些」。女生會說情緒話，問題其實不在工作上。她們這麼問，不是要你按照問題的表面意思，理性地分析、比較工作和家庭的重要性。

女生用情緒話提出問題，男生卻試圖用理性話來回答，所以才會產生分歧。這時不應該告訴她和工作比較的結果，而是要推測對方的心情，感性地回答：「你最重要」、「家庭最重要」。等對方冷靜下來，再用理性話說明工作的重要性即可。

在工作場合，必須清楚區分情緒話和理性話。公司內部討論，或是和客戶進行交涉時，如果對方說的是情緒話，就沒辦法跟他講道理。

我身為律師，經常和情緒激動的當事人打交道，當對方只說情緒話時，條件通常都談不成，因為當事人在當下根本無法做出理性判斷，只能等他們冷靜下來，才有協商的可能。

不論於公於私，關鍵在於，區分對方說的是情緒話還是理性話，再配合他們的狀況回應。

POINT

感性往往凌駕理性，因此請先冷靜下來。

9. 購物台不會先說結論，說服他人要先確認對象類型

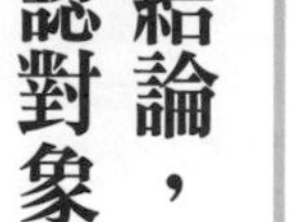

市面上有許多談論說話術的書籍，有的教讀者說服他人的技巧，有的則指點如何把話說得簡潔明瞭。這些書的作者大多是活躍於各行各業的專家，從自身的豐富經驗導出方法，非常值得參考。

其中，很多作者都教讀者「先說結論」。類似的方法還有「從重要的事依序說起」、「把要說的內容彙整成三個重點，然後一開始先說明主旨」等等。

這些方法都沒有錯，也有學習的價值。但是，**我不認為它們萬無一失**。一樣米養百樣人，所以怎麼說才容易讓對方接受，當然因人而異。或許，這些作者的周遭，正好有比較多喜歡這類說話方式的人，因此覺得它們是萬能的方法。

比方說，在進行企劃案的簡報時，通常適合先說結論：「應該做〇〇，因

為……。」然而，其中也有人覺得先聽一長串社會與市場的現狀分析，再聽到「所以應該這麼做」的結論，比較能夠信服，也就是要先說明過程，才能打動他。**對於這種人，如果一開始便先說結論，他反而會產生防備心，更難被說服。**

說話方法當然會因為實際情況而有不同。電視購物台會一開始就說「這台腹肌鍛鍊器一萬日圓。你應該立刻入手，因為……」嗎？當然不會。購物台會先播放一段小腹突出的影片，接著切換到用這台腹肌鍛鍊器運動的場景，然後再播放運動後的緊實腹肌影片，先刺激觀眾的情緒，最後才說出價格，誘使觀眾購買。

由此可見，不是所有場合都適用「先從結論說起」的做法。

辨別談話對象類型再說話

那麼，該如何分辨談話對象屬於什麼類型呢？祕訣在於，觀察對方平常如何說明事物。從他說話時的邏輯，大概可以知道，他喜歡的說話方式，是從結論到過程，還是從過程到結論。

除了商務閒聊之外，觀察私人場合的聊天狀況，也能判斷對方屬於什麼類型。舉個例子，假設你與對方聊到他夏天的旅行。

如果他習慣從結論開始說起，會傾向先做總結：「唉唷，真是一趟淒慘的旅行」，然後說明旅途中到底發生什麼事，例如：「突然下了場大雨」、「又碰到大塞車」等等。

如果他喜歡先說過程，即便在聊天時，也會不自覺地依照時間順序敘述：「早上一上飛機」、「到了目的地就開始下雨」，最後才說結論：「真是悽慘啊！」

根據談話對象的類型選擇說話方法，比較容易聊得盡興。聰明人在工作時會先從結論說起，而聊天時則為了製造落差，故意按照時間順序來說話。因此，只要關注對方工作時的說話方式即可。

為了說服對方，使他感到開心而磨練對話技巧，不一定得學會獨特的說話方法。最重要的是，分辨談話對象的類型，再依此選擇適合的說話方式。

POINT

選擇適合對方的說話方法，比學會獨特的說話方式更重要。

“

正向提問可以促使對方正向思考，主動找出解決對策。

第 6 章

為何一句話就惹怒人？因為陷阱都藏在「遣詞細節」裡

關係再好也要尊重對方，否則引發負面評價

當我還是新手律師時，心目中的好律師是可以在爭論時駁倒對方。那時候，我在經手的案子上，遇到的對手通常都很資深。我因為覺得彼此都是律師，應該是對等的，所以用這種心態與對方交手。

在某次訴訟，我與對手律師爭論時，他對我說：「小子你經驗還不夠，所以才會這樣主張……。」我非常生氣地回答：「我們都是律師，你憑什麼叫我『小子』」，然後和他大吵一架。如果是現在的我，當然不會這麼做，那時實在是年輕氣盛。

我舉這個例子，只是要告訴各位，稍微措詞不當便可能使對方覺得不舒服，甚至感到生氣。特別是「你這傢伙」、「小子你」等詞彙，更是要多加注意。

等到真的很熟，才能不拘禮節

喝酒應酬時也要小心遣詞用字。**有些人酒一下肚，膽子就來了，忍不住說大話或是貶低對方，說些失禮的話。**

有一次，我們事務所招募律師時，發生過這樣的事。我和新律師面試完之後，與事務所同事一起去喝酒。當時新律師喝醉了，一副跟我很熟的樣子，把手搭在我的肩膀上說：「小谷，讓我加入你們事務所嘛」，完全忘記我是決定要不要錄用他的人。

事務所同事看到這一幕，全都嚇呆了。即使在喝酒的場合，那也是很不恰當的行為。

此外，有些男生以為故意說出粗暴言詞或髒話很酷，但在工作場合，這樣說話的人不可能獲得好感和敬意，請各位一定要特別留意。

若聊天只是為了自我滿足，對長輩說話不用敬語也沒關係，不講究遣詞用字也無妨。然而，如果想運用談話策略，就必須透過閒聊在工作上獲得對方的好感。因此，要盡量避免會產生負面評價的言行。

有時己經跟對方很熟了，言詞不拘禮節反而比較好。不過，重點不是自己的感受，而是對方怎麼想，所以一定要格外謹慎。

總之，說話時最好還是盡可能客氣有禮。關鍵在於尊重對方的感受，只要這麼做，自然會注意遣詞用字，不會不小心說出「你這傢伙」、「小子你」等詞彙。

POINT

進行商務閒聊時，還是客氣有禮比較好。

對家人、部屬問話要正面，促使對方主動思考解決方法

妻子生氣地質問先生：「你為什麼連結婚紀念日都不記得」，或是主管指責部屬：「你到底要到什麼時候才能學會」，都是很常見的場景。一般人聽到這些話，應該會反彈或感到意志消沉。

不過，無論是妻子或主管，都不是為了搞壞關係才這麼說。妻子只是希望先生記住結婚紀念日，主管則希望部屬快點學會自己的工作。然而，**結果往往與他們的想法背道而馳，他們都是因為對方的表現不如預期而生氣**。

於是，他們把怒氣發洩在對方身上，但對方顯然不會因此正向思考。**想要控制對方的想法，與其將怒氣發洩在他身上，不如正向提問更有效**。提出積極正面的問題，會影響對方的思考方向。

商務閒聊時最重要的技巧

若妻子希望先生記住結婚紀念日，就不能提出這樣的負面問題：「你為什麼連結婚紀念日都不記得？」請改用正面問題詢問：

「你覺得怎樣能讓你記得結婚紀念日？」
「你覺得怎樣能使你想起結婚紀念日？」

只要提出正面問題，先生會努力思考解決對策：

「每年一月一日，我們一起在客廳的月曆上寫下一整年的紀念日，如何？」
「結婚紀念日的前一週你送我禮物，結婚紀念日當天換我送你禮物，如何？」

在工作場合，正面提問則有促使部屬成長的效果，是比較好的做法。

若主管希望部屬快點學會工作，就不能提出這樣的負面問題：「你到底要到什麼時候才能學會？」請改用正面問題詢問：

「這次的工作，你覺得要怎麼準備才能做好？」

「如何將這種做法運用到所有工作上？」

只要提出正面問題，部屬會開始主動思考解決對策，因此能幫助他們成長。

當對方的反應不如預期時，我們常會湧出一股怒氣。然而，就算把這股怒氣發洩在對方身上，也不能改變什麼，仍然無法解決問題。在以負面問題發怒前，先想想能否改用正面問題來表達。

POINT

能巧妙指正部屬的主管，會用正面言詞向他們曉以大義。

5W1H讓你不遺漏資訊，但常問WHY會令對方困擾

各位在學校時，應該都學過5W1H：

①何時（When）
②何地（Where）
③誰（Who）
④什麼（What）
⑤為何（Why）
⑥如何（How）

5W1H是由這幾個英文單字的第一個字母組合而成，是傳遞資訊時的要素。**不論是寫作還是進行對話交流，只要意識到5W1H，便不會錯失資訊**。律師在撰寫訟訴文書時，也會特別注意。

5W1H在聊天時也很有用。

「啊，我忘了一件重要的事！」

「嗯，這樣啊。」

「……。」

這樣的對話實在太無趣。既然對方都特地出聲，讓對話熱絡起來是基本禮貌。

此時，請好好運用5W1H。

回話藝術案例11

「咦？你忘了什麼事（What）呢？」

「有人叫我去送文件。」
「誰（Who）叫你去的？」
「是課長啦！」
「期限是什麼時候（When）？」
「課長說中午前要送到，可是我完全忘了這回事。」
「要送去哪裡（Where）？」
「客戶神藤商事啊！」
「你竟然忘記課長交待的事，還真是少見耶！為什麼（Why）會忘記呢？」
「因為今天上午，我岳父突然病倒了，然後就一陣手忙腳亂。」
「喔，那文件你打算怎麼處理（How）呢？」

大多數的情況裡，在你還沒仔細提問之前，對方應該就會主動先說，如果對方有遺漏的地方，你可以再補問，這樣對話便能持續下去。

只有「Why」不適合用在閒聊

不過，要特別留意「Why」的使用方法。

「Why」是指詢問「為什麼」，但這其實是不可掉以輕心的問題。看看以下對話：

回話藝術案例12

「最近的新人真是不懂禮貌！」

「咦？為什麼這麼說？」

「他們連最基本的禮儀都沒有！」

「為什麼呢？」

「咦？那是因為家教不好吧。」

「為什麼家教不好呢？」

「嗯，是因為時代的關係嗎？」

若被如此步步進逼，最後會讓對方不知道該怎麼回答。如果是研究學問，或是在工作上進行會議或討論，這種追問是沒有問題的，但若在聊天時這樣逼問對方，他一定會覺得很困擾，甚至感到厭煩。

為什麼會出現這種狀況呢？因為被問到為什麼時，回答者必須有邏輯地說明原因。**人們一旦想有邏輯地說明事物，就得耗費大量腦力認真思考**。在輕鬆閒聊的場合裡，當然不希望還要辛苦思考。然而，「Why」的問題要求的卻是符合邏輯的回答。

所以，在聊天的過程中想到「咦？為什麼」時，必須進一步思考，如果詢問「Why」，會不會令對方感到困擾。如果認為對方會覺得困擾，就不要詢問，或是用「Why」以外的方式來問。從上述例子來看，可以參考以下問法：

回話藝術案例13

「最近的新人真是不懂禮貌！」
「發生什麼事（What）了？」
「剛才我和新人擦身而過，他竟然連點頭示意都沒有。」
「這樣不行耶！從什麼時候（When）開始變成這樣呢？」
「大概是五年前左右吧。更早之前，都沒有這種狀況！」
「要教他們懂禮儀，該怎麼做（How）才好呢？」
「嗯，首先……。」

即便很想問為什麼，只要換個方式來問，也可以順利聊下去。聊天是為了讓雙方都能樂在其中，建立良好關係。因此，請避免使用讓對方感到困擾的逼問方式。

POINT

要積極運用5W1H，但在使用「Why」時，得特別注意。

對話不順使場面凝結？因為觸犯8種禁忌……

聊天是與對方建立良好關係的手段，換句話說，為了達到這個目的，有合宜和不合宜的行為。如果隨心所欲地說話，讓對方感到討厭，就失去聊天的意義。**想運用談話策略，不能聊到令對方討厭**。

因此，我整理出聊天的八種禁忌。無法順利聊下去的人，請再次確認自己的說話方式，是否觸犯這八種禁忌。

①自說自話

聊天的基本原則是聽對方說。此外，用「掀自己底」的方式，說明自身狀況，是縮短彼此距離的重要方法，但光顧著自說自話，只會掃興而已。人們在說自己的事時，能聊得很愉快，所以記得要讓對方開心地說他自己的事。

特別是在工作場合，要盡量避免自說自話。最好把說自己的事當成使對話繼續發展，或是讓對方再次開口的工具。

②打斷別人

對話像是傳接球，在聽完對方說話後，再針對內容給予回應。打斷對方談話，如同把對方正要投出的球，直接從他手裡打掉一樣，會嚴重影響對方的心情。

這種行為不見得有惡意，反而比較像是喜歡說話的人容易出現的習慣。各位可以反省一下，自己的說話方式是否有這種問題。

③用自己的話來取代

聊天時必須對對方說的話感興趣，如果不想理解對方要表達什麼，就聊不下去。自己的話頂多是在聽完對方說話後，當作延續話題的工具。

舉例來說，對方說：「上個星期我去了迪士尼……」，結果你馬上用自己的話取代，例如：「我也去了耶。雖然人擠人……」等，對方一定覺得很掃興。

④否定對方

聊天和討論或協商不同，不需要意見對立，也不用說服對方接納自己的想法。因此，不可以只顧著表達自己的想法，否定對方說的話。使用「不過」、「可是」等轉折型連接詞，也是不適當的做法。

⑤拚命想壓倒對方

比方說，當對方開始談論最近的工作時，有些人立刻表示自己的工作更重要，這種人會令對方感到不舒服。習慣展現這種態度的人，其實自我評價很低。他們的內心很寂寞，若不看輕對方便無法保有自尊。

⑥提問，並在對方回答前再度提問

對話是反覆地提問與回答。然而，有些人在面對別人提出的問題時，往往要花很長的時間思考，遲遲無法作答。

此時，有些人因為極度害怕沉默帶來的尷尬，在對方還沒回答之前，又詢問不同的問題，使得對方想了半天的答案無用武之地。因此，在提問之後，請耐心等待對方回答。

⑦問個不停

有種人完全不提供自己的資訊，也不根據對方的談話來發展話題，只是一直問個不停，讓人產生很大的壓迫感，彷彿在接受警方偵訊：「你叫什麼名字」、「幾歲」、「做什麼工作」。在對方回答後，請努力從答案裡找出話題。

⑧不搭腔也不表示贊同

聊天不是理性、有邏輯的交流，而是感性、有共鳴的溝通。千萬別忘記時而點頭示意，時而搭腔說「原來如此」、「就是說啊」等，對對方說的話表示贊同或是感興趣。

POINT

把聊天的八種禁忌牢記在心。

「鸚鵡學舌3部曲」是不說錯話的終極武器

到目前為止，本書已說明許多聊天技巧。然而，聊天其實並不簡單，各位也不可能馬上變得擅長。因此，**接下來我針對總是無法持續對話的人，介紹一種技巧，那就是「鸚鵡學舌」**。

回話藝術案例14

A先生：「上週末我和大學同學去打高爾夫球。」

你：「哇！你去打高爾夫球嗎？」

A先生：「是啊，而且還打出生平最低桿數。」

你：「真的嗎？生平最低桿數耶！」

Ⓐ先生：「是啊。比起為了應酬，高爾夫球還是和無話不談的知心好友一起去打最好。」

只要像這樣重複對方說的話，對方便會開心地自己說下去。不過，如果對方沒有特別想說的話，就可能進入漫無目的的閒聊。

以聊天氣的話題為例。當對方說：「天氣變暖了耶」，你便重複一次：「是啊，變暖了耶。」這時，對話的傳接球是成立的，所以對方會繼續發言。

回話藝術案例15

Ⓑ先生：「天氣變暖了耶！」

你：「是啊，變暖了耶！」

Ⓑ先生：「前幾天還像冬天呢！」

你：「對啊，真的好冷！」

B先生：「我連大衣都收起來了。」

再加入感受和提問就萬無一失

然而，有時事情的發展不會這麼順利。此時，只能靠自己讓對話持續。**這時候或一開始便知道對方不太會說話時，在聽到對方的發言之後，就試著加入一句描述自己感受的話。**看看以下這個例子：

回話藝術案例16

C先生：「天氣變暖了耶！」

你：「是啊，變暖了耶！我很開心，因為我喜歡暖暖的天氣。」

C先生：「這樣啊。我反而喜歡冷一點的天氣呢！」

如果這麼做還是無法延續對話，就向對方提問。因為已經說出自己的感受，接下來只要詢問對方的感受即可。

回話藝術案例17

D先生：「天氣變暖了耶！」

你：「是啊，變暖了耶！我很開心，因為我喜歡暖暖的天氣。D先生你喜歡冷一點，還是暖一點的天氣呢？」

D先生：「我也喜歡暖一點的天氣！」

不擅長聊天的人，請設法運用這個方式。

回話藝術案例18

E先生：「最近病毒郵件好像很多耶？」

你：「對啊，真的好多喔！我們公司也很頭痛。E先生的公司還好嗎？」

E先生：「說到這裡，前幾天員工的電腦中毒了……。」

先重複對方說的話，若對話持續下去，就把主導權交給對方，若對話似乎無法持續，便加入描述自己感受的話。如果還是不行，就詢問對方的感受，這樣對話應該能夠持續下去。

簡單來說，鸚鵡學舌的技巧可歸納為以下三點：

①重複對方說的話。
②說出自己的感受。
③詢問對方的感受。

這個技巧對不擅長聊天的人很有幫助，請各位務必記住。

POINT

只要熟悉鸚鵡學舌三部曲，便沒什麼好怕的！

“

善用交換條件和假設性問題，就能使對方知難而退。

第 7 章

實戰鍛鍊誘導技巧，實踐回話藝術！

怎樣問出實話？
2種提問讓提辭呈的部屬吐露心聲

部屬小林對西宮課長說：「我想辭職。」雖然課長開口問：「咦？怎麼了」，但小林只說：「我已經決定了」，不肯說出真正原因。

小林是很優秀的人才，西宮課長希望能留住他。然而，小林經過深思熟慮才做出決定，其他人光是說「一起繼續加油」之類的話，應該沒有什麼用。

無論如何，西宮課長都想問出小林心裡的想法。他知道即便把小林叫到會議室詢問，也只會得到千篇一律的答案，於是他約小林去喝酒。

西宮課長打算利用喝酒時的閒聊，問出小林的真心話。

回話藝術案例19

【失敗例】

（乾完杯且閒聊告一段落之後）

西宮：「對了，你說你想辭職，到底是為什麼啊？」

小林：「這是我經過反覆思考後做出的決定。」

西宮：「我知道，所以我想問你為什麼會做出這樣的決定。」

小林：「因為有一些事。」

西宮：「到底是什麼事啊？你對公司有什麼不滿嗎？」

小林：「不是這樣的。」

西宮：「那究竟是為什麼？告訴我原因嘛！如果不知道原因，我沒辦法做判斷。」

小林：「你要判斷什麼呢？只要我提出辭呈，從法律面來看，應該就可以離開。」

西宮：「話是這樣說沒錯啦，難道沒有轉圜的餘地嗎？你現在走，我很困擾啊！」

小林：「很高興聽到你這麼說，可是我已經決定了。比我年輕的岩寺很努力，我想即使我走了，他也可以做得很好。」

西宮：「這樣啊。現在的年輕人動不動就換工作，但我認為長期待在同一家公司比較好。你不再考慮一下嗎？」

小林：「是的，真的很抱歉。」

西宮：「好吧，那就算了。今天就開懷暢飲吧！」

回話藝術案例20

【參考例】

（乾完杯且閒聊告一段落之後）

西宮：「對了，你說你想辭職，那辭職之後，你有什麼打算？」

小林：「我要換工作。」

西宮：「你要換到哪裡工作呢？」
小林：「房仲公司。」
西宮：「咦？那是完全不同的產業耶！你想當業務嗎？」
小林：「也不是特別想當業務啦！」
西宮：「不想當業務卻想換工作，這當中有什麼原因嗎？」
小林：「嗯……。」
西宮：「這種情況要不是薪水比較好，就是想學習業務技巧，為將來自己開公司做準備。你是哪一種？」
小林：「兩種都有。」
西宮：「或許你現在的薪水不高，但在我們公司也會加薪啊！反而是房仲公司，若業績不好會立刻減薪，甚至可能直接被炒魷魚。如果未來想自己創業，我們公司也有業務部，只要申請轉調部門即可，這部分我也可以協助你。」
小林：「謝謝你。但若是不馬上加薪，我會很困擾。」

西宮：「為什麼？你有什麼必須用錢的苦衷嗎？」

小林：「嗯，其實我發現我太太去借高利貸，所以我得盡快籌到一筆錢才行。」

西宮：「原來如此，這樣真的很糟糕耶！你一定煩惱很久了……。有考慮過其他解決方法嗎？」

小林：「有。我到處想辦法籌錢，可是沒有人願意借給我。」

西宮：「所以你才會想換工作，去做自己不想做的業務工作啊！你太太欠了多少錢呢？」

小林：「總共約三百萬日圓，每個月必須還十萬日圓左右。」

西宮：「那實在是太吃緊了！這樣的話，你目前的薪水確實不太夠。對了，你有跟律師談過嗎？」

小林：「沒有，我沒找過律師。」

西宮：「建議你去找律師談談。我朋友也曾欠債，不過在找律師幫忙之後，不僅還款金額減少，債務也處理得差不多了。如果你太太還款金額變少，或是還款條件改變，說不定你不用換工作也可以順利還錢。」

小林：「原來還有這種方法！我完全不知道。我會去跟律師談談看。」

【解說】適當運用開放式問題和封閉式問題

要問出對方心裡真正的想法，其實相當困難，能否像上述參考例一樣順利問出，也是未知數。即便如此，還是有一些技巧可以引導對方，讓他容易把話說出口。

失敗例中的西宮課長的確開口問了原因，但卻是利用上下關係逼問，這樣小林當然不會說出真心話。

而且，小林的防備心越來越重，問到後來甚至開口反駁：「你要判斷什麼呢？只要我提出辭呈，從法律面來看，應該就可以離開」，好像雙方處於敵對狀態。在這種狀況下，小林更不可能說出真心話。

此外，要使小林改變辭職的想法，必須先弄清楚他想辭職的原因，並化解這個問題。然而，西宮課長卻一味地將自己的想法強加在小林身上。這種方式無法說服人。

參考例中則以找出辭職原因為首要目標，巧妙地提問。當西宮課長邀小林一起去喝酒時，小林一定會防備：「莫非他是要挽留我」，因此參考例的問法不是直截了當地問：「你為什麼要辭職」，而是從將來的事切入：「辭職之後，你有什麼打算。」只要引導對方說出將來的打算，自然可以讓辭職原因變得明確。

而且，**西宮課長完全不否定小林說的話**，全部用認同、肯定的方式切入，營造出容易把話說出口的氛圍。這也是關鍵所在。

當小林說出「太太欠債」時，若西宮課長說出否定意見，例如：「她瞞著你去借錢嗎？這樣不行耶」，或是「那你去申請破產不就得了」等，將自己的想法強加在他身上，小林便開始自我防衛。

如果對方話很少，原則上建議以開放式問題提問，但在對方不想說，卻又想聽到他的真心話時，則要適當使用封閉式問題。從以下對話，我們可以知道小林不想說出辭職原因。

西宮：「不想當業務卻想換工作，這當中有什麼原因嗎？」

小林：「嗯……。」

因此，西宮課長舉出以下選項，強迫小林選擇或是說出其他原因：

西宮：「我想，這種情況要不是薪水比較好，就是想學習業務技巧，為將來自己開公司做準備，你是哪一種？」

小林：「兩種都有。」

要讓不想說的人開口，並且讓對話持續發展，像這樣以封閉式問題提問，也是不錯的技巧。

想問出對方的真心話，必須表示肯定、贊同，並且以不使用「Why」的方式提問，讓對方容易回答。

POINT

巧妙運用開放式問題和封閉式問題，問出對方的真心話。

如何拒絕請託？6個技巧使前輩欣然接受你的回絕

每次只要有什麼麻煩的工作，財務部小山的前輩安達會立刻把工作推到小山身上。今天也是如此。課長交辦一項一定要加班才能完成的工作給安達，他馬上就想把這項工作推給小山。

平常小山都會幫忙，但今天他有一個重要約會，絕對不能遲到，所以必須想辦法拒絕。

回話藝術案例21

【失敗例】

安達：「小山啊，不好意思，這項驗算工作可以麻煩你嗎？」

小山：「不好意思，我今天有事。」

安達：「你有什麼事呢？」

小山：「我要去約會。」

安達：「約會什麼時候都可以約啊！你就打個電話給女朋友，跟她改約明天如何？」

小山：「不行。」

安達：「你這樣會被她騎到頭上喔！因為工作不能赴約，她應該要體諒。否則，以後她都不會體諒你！」

小山：「喔。」

安達：「和女生交往，好的開始很重要。一開始她可能會生氣，但之後你只要告訴她『因為要工作』，她便知道要放棄。」

小山：「喔。」

安達：「那工作就麻煩你囉！」

回話藝術案例22

【參考例】

安達：「小山啊，不好意思，這項驗算工作可以麻煩你嗎？」

小山：「不好意思，我今天有事。」

安達：「你有什麼事呢？」

小山：「今天要跟人見面，有不能遲到的重要事情。」

安達：「不能想想辦法嗎？你就做一點再去嘛！」

小山：「因為課長信任安達先生，才把這項驗算工作交給你，不是嗎？」

安達：「話雖如此，還是拜託你啦！」

小山：「你能幫我處理我目前正在進行的資料輸入嗎？這樣我可以馬上開始處理驗算工作，並且在下班前完成。」

安達：「那就沒有意義啦！我現在有事必須外出。」

小山：「這項驗算工作一定要今天完成嗎？安達先生要不要去跟課

長說今天有事，問他能否明天再做？」

安達：「我怎麼可能去問這種事！如果主管說要做，部屬便要立刻去做，這就是工作啊！」

小山：「若是這樣，安達先生應該要立刻著手進行了。」

安達：「喂喂，你不要挑我的語病，拜託你啦！」

小山：「我幫不上忙。如果有其他人可以幫忙就好了。我們一起找找看吧！」

【解說】善用交換條件和假設性問題

前輩的請託有時很難拒絕。到底該怎麼做，才能讓對方知難而退？

在失敗例中，最後小山還是不得不接下安達推來的工作，**因為他明確說出拒絕的理由**。當然，若是像「守靈」這種對方聽後只能說「那就沒辦法了」的理由，還是說出來比較好。但若是像約會這種重要性因人而異的理由，最好別說出來，因為只要約會的重要性被反駁，你便沒有理由拒絕。

因為處在前輩和晚輩這種權力關係裡，一旦開始討論約會的重要性，只要雙方提出的不是價值觀差異所造成的對立意見，前輩一定比較強勢。於是，小山只好被迫加班。

相對地，**在參考例中，小山雖然說「今天要跟人見面」，卻沒說是要去約會，還馬上把話題岔開，導向「安達先生才應該加班，不是嗎」**。換句話說，就是把話題從「小山今天可不可以加班」，導向「安達先生今天可不可以加班」。如此一來，便不用擔心拒絕的理由被反駁。

小山接下來的談話，運用的是交換條件的技巧：

小山：「你能幫我處理我目前正在進行的資料輸入嗎？這樣我可以馬上開始處理驗算工作，並且在下班前完成。」

所謂的交換條件，是指在答應他人的請託時，立刻請對方幫忙其他事情的技

巧。如果對方不接受，自己可以拒絕他的請託。如果對方接受，則可以獲得相應的報酬。

另外，小山還建議安達去和課長或其他同事商量。這段對話乍看之下，像是安達在和小山協商，其實最終目的是在今天內完成驗算工作。如此一來，便出現這樣的選項：詢問課長「是否必須在今天內完成」，或是詢問有沒有其他人能加班。小山試圖藉由這種有彈性的想法來解決問題。

小山接下來的發言，則是運用假設性問題的技巧：

小山：「我幫不上忙。如果有其他人可以幫忙就好了。我們一起找找看吧！」

所謂的假設性問題，是指不表明自己的立場，而使對方不改變立場的一種技巧。針對這個問題，如果安達說「好」，只要去問問有沒有其他人願意加班就好。

這時，如果小山說：「我去找找有沒有其他人可以加班」，責任便落到小山身上。萬一找不到人，就會變成「你不是說要找人做嗎？既然找不到，你要負責把它完成」。

不過，若是假設性問題，小山只是在向安達提問，因此不會產生任何責任。這可說是進行協商時的有效技巧。

除此之外，再介紹幾個拒絕請託的技巧：

①留下說「YES」的空間

如果直接說「沒辦法」，對方可能會生氣，所以要留下說「YES」的空間，然後明確地拒絕。

「如果是明天就沒問題，但是今天沒辦法。」這種說法雖然也算是明確拒絕，卻能傳達這樣的想法：「我真的很想幫你」，對方便不會生氣。

②分割法

把對方拜託的事分成幾部分，再接受其中的一部分，例如：「我沒辦法處理全部，不過如果只是這個月的驗算，我可以幫忙」。這個技巧可以傳達這樣的訊息：

「我很願意幫你，就算只能幫一部分也好」，對方便不會生氣。

③歸咎到自己無法改變的規定或原則

若用自己可以改變的理由拒絕對方，只要這個理由被反駁，就沒有辦法拒絕。前面的失敗例便是如此：小山被安達「約會應該可以遲到或改變日期」的邏輯打敗。不過，如果用自己無法改變的理由，比較容易拒絕。

比方說，如果這麼說會如何？「只要跟人約好，我就一定要遵守約定，這是我的原則。即使是課長命令我加班，我也會拒絕。若考績因此不理想，甚至叫我『滾蛋』，我一樣會拒絕。」儘管對方聽了可能會覺得「哪有那麼嚴重」，但這樣應該比較容易拒絕。

若是在商務交易現場，可以使用「本公司的規定就是如此」等說法。

④自己沒有決定權

因為決定權在別人手上，所以自己愛莫能助。這個技巧很難運用在上述例子裡，但也是一種拒絕的方法。比方說，「我很想幫你，可是部長沒有核准，實在是很抱歉」等。拒絕不是因為眼前的他，而是因為他背後的部長，這樣對方比較不容易生氣。

拒絕請託的方法有很多種，請依據實際情況選用最適合的技巧。

POINT

用交換條件和假設性問題，順利拒絕請託。

怎麼陌生邀約？用「一貫性原則」，連沒交情的人也點頭答應

前田和岩本同期進入公司，而且都分發到總務部工作，不過兩人平常沒有什麼交集。岩本不太喜歡交際，在總務部也給人孤立的印象，所以前田想邀岩本下班後去喝一杯，和他交流一下。

回話藝術案例23

【失敗例】

前田：「岩本，今天下班後你有空嗎？」

岩本：「為什麼這麼問？」

前田：「如果有空，一起去喝一杯吧！」

岩本：「有什麼事嗎？」
前田：「也沒有什麼特別的事，只是覺得在職場上，你似乎被孤立了。」
岩本：「沒這回事。我沒事啦！」
前田：「可是大家都這麼說耶！」
岩本：「我一點都不在意。」
前田：「別這麼說啦，偶爾也跟大家一起去喝一杯嘛！」
岩本：「不用啦，我其實不太喜歡喝酒。」
前田：「好啦好啦，偶爾去一次嘛！」
岩本：「真的不去啦！而且我還有事。」
前田：「原來你有事啊，那就沒辦法了。那下次再約吧！」

回話藝術案例24

【參考例】

前田：「岩本，今天下班後你有空嗎？」

岩本：「為什麼這麼問？」

前田：「因為你每天一到下班時間就走人，我還以為你在進修什麼課程。」

岩本：「我沒有在進修啦！只是下班後，我就不想待在公司裡。」

前田：「這樣啊。你今天也要直接回家嗎？」

岩本：「對呀！」

前田：「那你可以陪我一下嗎？我有事想請教你。」

岩本：「你有事想請教我？真難得耶，是什麼事呢？」

前田：「這個下班後再說，不會浪費你太久時間。」

岩本：「好吧，只能一下下喔！」

【解說】應用一貫性原則

岩本要不要去喝酒，只能由他自己決定。換句話說，這段對話必須讓岩本做出要去喝酒的決定。因此，必須在對話中提供可讓岩本想去喝酒的資訊。光是強調前田單方面的希望，岩本應該不會想去喝酒。

在失敗例中，前田的邏輯是「因為你在職場上似乎被孤立了，所以我來陪你，我們一起去喝酒吧」。這其實是前田單方面的想法，對岩本來說，也許只是多管閒事而已。在這樣的前提下，要邀岩本去喝酒，很可能會失敗。

這段對話必須讓岩本覺得「想去」，或是產生「不去不行」的想法。

在參考例中，前田一開始先問出岩本的計畫。這是為了使岩本無法以「我有事」來拒絕。若不事先斷絕岩本的退路，之後他只要說「我有事」，便能全身而退。

一開始先確認岩本沒有其他事，之後也可以用「反正你今天不是沒事嗎」來施加壓力。此外，前田還說「我有事想請教你」。如果對方說「有事請教」，自己卻拒絕，兩人的關係就可能出現裂痕，這也會促使岩本產生「不去不行」的想法。

當然，到時候一定要找一件事請教對方，不過請教什麼事根本不重要，約到人之後再想即可。而且，最後前田又推了岩本一把：「不會浪費你太久時間。」如此一來，岩本便比較容易做出回應。

要驅動一個人時，最困難的地方在於，要將他從「完全不想去」轉變成「想去」的狀態。只要岩本決定要去喝酒，等到去了以後，再設法把時間拖長，反而比較簡單。因此，先用「不會太久」讓對方同意去，之後再想辦法延長時間，正是技巧所在。

這個技巧運用的是一貫性原則。**所謂的一貫性原則，是指人一旦表明自己的立場，便會一直採取同樣的立場**。

舉例來說，有商品A和B。在會議上，如果有人表明「商品A會賣得比較好」，之後即便他覺得「說不定商品B會賣得比較好」，也很難改變立場。

若在邀人去喝酒時運用這個原則，只要先讓對方表明「要去喝酒」，到時候再想辦法延長時間，是比較容易成功的做法。

在漢堡店點了漢堡後，被店員詢問「要不要再來份薯條」，便不小心加點薯條，或是在買車的過程中再三議價，而最後決定要買時，業務員推薦什麼配備就加購什麼配備，其實都是一貫性原則在作祟。

想驅動一個人時，話不是說給自己聽，而是要說給對方聽。關鍵在於，要時時站在對方的立場說話。

POINT

利用一貫性原則先讓對方表明立場，即使沒有交情也會答應邀約。

後記

擬定回話策略前，得先對他人抱持好感

最後，我要談論聊天時最重要的事，希望各位一定要記得：在思考策略前，必須有正確的心理建設。

在人際關係中談策略，或許會讓人覺得是騙人的表面技巧。不過，即便具備這種技巧，也不見得能使聊天順利進行。聊天是縮短與對方的距離、獲得好感，並建立信賴關係的手段，絕對不是為了欺騙。所以，「對對方有好感」非常重要。

不論使用多麼出色、完美的技巧交談，若打從心裡討厭對方，這種情緒一定會被他知道。

人的心理狀態必然會在某些地方顯露出來。如果打從心裡討厭對方，便可能透過視線、表情、動作、聲音、言語等傳達給他。同理，如果對對方有好感，他一定也會知道。

養狗的人應該都知道，當主人回到家打開玄關大門時，狗狗會搖著尾巴跑過來。牠不停地搖動尾巴，表達對主人回家的喜悅，主人會覺得牠很可愛，自然地露出笑容。狗狗如此表達對主人的感情，既使言語不通也不成問題。

心理學中有所謂的「好感的互饋交流」（reciprocity of liking），是指當對方對你有好感時，你也會傾向對他有好感。相反地，所謂的「惡意的互饋交流」，是指當對方對你有惡意時，你也會傾向對他有惡意。

我回顧這一路走來的經歷，覺得真是如此。所以，想運用談話策略，一開始就要做好心理建設。

對於原本沒有好感的對象，怎麼讓自己對他有好感呢？理論上，我們應該對所有人感興趣、喜愛所有人。不過，要達到這個境界，必須經過一番努力，因此退而求其次，採取以下做法。

在與原本沒有好感的對象聊天之前，先做好心理準備，問自己以下問題：

「這個人哪個地方比我好？」
「我可以向這個人學些什麼？」
「這個人有什麼優點？」
「這個人有什麼地方可以讓我喜歡他？」

然後，主動向對方傳達好感。這樣一來，「惡意的互饋交流」便無法對談話策略造成阻礙，於是對話能順利進行。

聊天高手充滿人格魅力，對他人深感興趣，而且不會把不好的情緒流露出來。在閒聊的過程中，可以鍛鍊一個人的綜合能力。希望各位都能學會談話策略，並對別人抱持好感，持續磨練自己的人格魅力。

NOTE

NOTE

國家圖書館出版品預行編目(CIP)資料

金牌律師教你誘導人心的 66 個回話藝術：解決你在工作與生活中，遇到拒絕請託、陌生邀請、問出實話等難題！／谷原誠著；李貞慧譯. -- 三版. -- 新北市：大樂文化有限公司，2023.11
256面；14.8×21公分. --（Smart；123）
譯自：雑談の戦略

ISBN 978-626-7148-91-4（平裝）
1. 說話藝術　2. 口才　3. 溝通技巧
192.32　112016907

SMART 123

金牌律師教你誘導人心的 66 個回話藝術（暢銷限定版）

解決你在工作與生活中，遇到拒絕請託、陌生邀請、問出實話等難題！

（原書名：金牌律師教你誘導人心的 66 個回話藝術）

作　　者／谷原誠
譯　　者／李貞慧
封面設計／蕭壽佳、蔡育涵
內頁排版／思　思
責任編輯／詹靚秋
主　　編／皮海屏
發行專員／張紜蓁
發行主任／鄭羽希
財務經理／陳碧蘭
發行經理／高世權
總編輯、總經理／蔡連壽

出 版 者／大樂文化有限公司（優渥誌）
220 新北市板橋區文化路一段 268號 18 樓之一
電話：(02)22583656
傳真：(02)2258-3660
詢問購書相關資訊請洽：2258-3656
郵政劃撥帳號／50211045　戶名／大樂文化有限公司

香港發行／豐達出版發行有限公司
地址：香港柴灣永泰道 70 號柴灣工業城 2 期 1805 室
電話：852-2172 6513　傳真：852-2172 4355

法律顧問／第一國際法律事務所余淑杏律師
印　　刷／韋懋實業有限公司

出版日期／2017 年 9 月 4 日 第一版
2023 年 11月 30 日 暢銷限定版
定　　價／280 元（缺頁或損毀的書，請寄回更換）
I S B N／978-626-7148-91-4

大樂文化

大樂文化